Marion Jetter

Koch Dich schlank!

Marion Jetter

Koch Dich schlank!

Erfolgreich abnehmen
mit über 200 leckeren Rezepten

www.knaur-ratgeber.de

Inhalt

Ein Wort zuvor — 6

Koch Dich schlank: Die Basics — 8

Ich will abnehmen — 10
- **Bodycheck** – Wie steht es um Ihr Gewicht? — 10
- **Zielsetzung** – Warum möchten Sie abnehmen? — 11
- **Die Basics** – Wie ernähre ich mich richtig? — 11

Das Programm: In 10 Schritten zum Erfolg — 12
- Schritt 1: Basiswissen aneignen — 13
- Schritt 2: Erfolgreiche Doppelstrategie — 14
- Schritt 3: Sport macht flexibel — 16
- Schritt 4: Energiegeladen in den Tag — 17
- Schritt 5: Regelmäßig essen — 17
- Schritt 6: Schluck für Schluck zur Idealfigur — 18
- Schritt 7: Bewusst genießen — 19
- Schritt 8: Gemeinsam standhaft bleiben — 19
- Schritt 9: Abnehmen ist Kopfsache — 20
- Schritt 10: Essmuster bestimmen — 21

Los geht's: Der 14-Tage-Abnehmplan — 22

Das flexible Punktesystem: Ihr Schlüssel zum Erfolg — 24
- So sparen Sie Fettpunkte — 24
- So sparen Sie Zuckerteufel — 25
- Leckeres leicht verdient – Das Bonusprogramm — 26

Die besten Strategien zum Durchhalten — 27
- Nichts geht mehr — 27
- Ich bin so im Stress — 27
- Ich fühle mich allein gelassen — 27
- Ich werde einfach nicht satt — 27
- Schokolade ist stärker als mein Wille — 27

Der Essensplan für 14 Tage — 28

Inhalt

Leicht & lecker:
So kochen Sie sich schlank — 36

Guten Morgen:
Leckere Frühstücksideen — 38

Ruck zuck gemixt:
Fruchtige Shakes — 43

Happy Food:
Süßes für die Seele — 49

Feines vorneweg:
Antipasti & Co. — 56

Brotzeit:
Sandwiches & raffinierte Brotaufstriche — 60

Für Kochmuffel:
Schnelle Blitzküche — 67

Vitaminkick:
Gesunde Suppen — 74

Knackig frisch:
Leichte Salate mit Pfiff — 79

Immer lecker:
Lieblingsrezepte mit Pasta & Reis — 88

Veggie-Food:
Gemüse satt — 96

Frisch auf den Tisch:
Leckeres mit Fisch — 102

Richtig herzhaft:
Deftiges mit Fleisch & Geflügel — 110

Köstliches aus Fernost:
Asiaküche — 115

**Gesunde Snacks
für zwischendurch** — 118

Rezeptregister — 122
Sachregister — 124
Adressen/Danksagung — 126
Impressum — 128

Vorwort

Ein Wort zuvor

Sie möchten Ihre Problemzonen straffen, Ihren Körper in Bestform bringen oder Ihr Wunschgewicht erreichen? Dann sollten Sie unbedingt weiterlesen. Dieses Buch verrät Ihnen nämlich, worauf es beim Abnehmen tatsächlich ankommt.
Der gute Wille ist eine Sache und sicherlich hilfreich, falls vorhanden. Doch – wie zahlreiche Untersuchungen beweisen – reicht er bei weitem nicht aus. Meist scheitert das eigene Abnehmvorhaben an ganz alltäglichen Zwängen und Pflichten, an liebgewordenen Gewohnheiten oder der täglichen Routine im Familienalltag.
Wie lässt sich also das Gewicht in den Griff kriegen? Wie bringt man die Fettpölsterchen an Po und Hüften dazu, sich für immer in Luft aufzulösen? Ganz einfach: mit einer Diät, die Sie gar nicht als solche wahrnehmen. Mit einem fundierten Abnehmprogramm, das Sie in Ihrem Tagesablauf kaum einschränkt und Ihnen so viel Freiraum lässt, wie Sie eben gerade brauchen.

Ran an den Herd
Auch wenn Sie es nicht glauben: Genuss ist der Schlüssel zur Idealfigur. Denn nur wer das Essen genießt, sich nichts verbietet, weder zu schnell isst noch Mahlzeiten ausfallen lässt, wird langfristig abnehmen.
Am besten funktioniert das, wenn Sie selbst kochen. Nur so haben Sie die Kontrolle, was in den Gerichten tatsächlich verarbeitet wurde, und wissen genau, wie viel Sahne zur Sauce eingekocht, oder ob Vollkorn- oder Weißmehl für den Pizzateig verwendet wurde. Und das ist enorm wichtig, denn – wie neue Forschungsergebnisse aus Amerika zeigen – nur die Kombination aus fettarmer Kost und guten Kohlenhydraten macht tatsächlich schlank.

Vorwort

Das genial-einfache Punktesystem

Kalorientabellen wälzen? Brauchen Sie nicht! Was wirklich zählt, ist der möglichst sparsame Gebrauch von Fett und einfachen, schnell verwertbaren Kohlenhydraten. Um Ihnen die Umsetzung möglichst leicht zu machen, habe ich ein bestechend einfaches Prinzip erarbeitet. Jeden Tag haben Sie ein bestimmtes Kontingent an Fettpunkten und Zuckerteufeln zur Verfügung. Zusätzlich können Sie sich durch Sport und Bewegung oder ein gewisses Maß an Entspannung Bonuspunkte und dadurch Spielraum für kleinere Überschreitungen im Diätprogramm erarbeiten. So sind Sie flexibel und können sich Ihre Diät genauso individuell gestalten, wie sie gerade in Ihr Leben passt. Freuen Sie sich drauf!

Ich wünsche Ihnen ganz viel Erfolg beim Erreichen Ihres Idealgewichtes und natürlich beim Nachkochen der über 200 leckeren Schlankrezepte.

Ihre Marion Jetter

Koch Dich schlank – Die Basics

Damit Ihnen das Abnehmen leichter fällt, haben wir ein 10-Schritte-Programm mit vielen praktischen Ernährungstipps entwickelt, das Sie sicher zum Erfolg führen wird.

So geht's

Die BMI-Schablone
Legen Sie einfach ein Lineal von der linken Skala mit Ihrer Körpergröße zur rechten Skala mit Ihrem Körpergewicht. Dort, wo die Linie die mittlere Skala kreuzt, liegt Ihr persönlicher BMI-Wert.

Körpergröße in cm	BMI	Gewicht
135	70	120
140	60	110
145	50	100
150	40	90
155	35	80
160	30	70
165	25	60
170	20	55
175		50
180		45
185	15	40
190		35
195	10	
200		30

Beispiel:
Bei einer Größe von 1,70 m und einem Körpergewicht von 70 kg beträgt der BMI 24, liegt also im normalgewichtigen Bereich.

Ich will abnehmen

Gründe für eine Diät gibt es genügend: eine bevorstehende Hochzeit, bei der man gut aussehen möchte; die alte Bekannte, die uns nach langer Zeit mit den Worten »Kann es sein, dass du etwas zugenommen hast?« begrüßt, oder das grelle Licht der H&M-Umkleide, das einfach ungnädig alle Sünden der Vergangenheit ausleuchtet. Irgendwann kommt dann der Zeitpunkt, an dem man sich einfach nicht mehr wohl fühlt in der eigenen Haut.
Ist es bei Ihnen so weit? Keine Panik, das bekommen wir hin. Versprochen! Was dieses Mal anders sein wird? Sie werden abnehmen. Und zwar nicht im Eiltempo, sondern ganz behutsam. Nur so ist garantiert, dass Sie Ihr neues Traumgewicht auch für immer halten werden. Und nicht Opfer des berüchtigten Jo-Jo-Effekts werden.

Bodycheck – Wie steht es um Ihr Gewicht?

Bevor Sie mit einer Diät beginnen, sollten Sie zuallererst herausfinden, ob Ihr Gewicht im Normalbereich, darüber oder darunter liegt. Ob Sie tatsächlich zu viele Kilos auf die Waage bringen, lässt sich leicht ausrechnen. Der sogenannte Body-Mass-Index (BMI) gibt das Verhältnis von Körpergewicht zu Körpergröße an und wird mit Hilfe der folgenden Formel berechnet:

$$BMI = \frac{Körpergewicht\ (kg)}{Körpergröße\ (m)^2}$$

Nach den Richtlinien der DGE liegt der ideale BMI für Frauen zwischen 19 und 24, für Männer zwischen 20 und 25.

Ihre persönliche Gewichtskurve

Um Ihre Abnehmerfolge zu verfolgen, ist das Anlegen einer Gewichtskurve eine gute Möglichkeit. So können Sie genau beobachten, ob und wie schnell sich Ihr Gewicht verändert.

Ich will abnehmen

Tägliches Wiegen ist aber nicht nötig. Es genügt vollkommen, wenn Sie sich einmal pro Woche (nicht unbedingt am Wochenende!) – am besten gleich nach dem Aufstehen – auf die Waage stellen.

Zielsetzung – Warum möchten Sie abnehmen?

Als nächstes sollten Sie sich darüber klar werden, warum Sie abnehmen möchten. Überlegen Sie sich in Ruhe, was Sie sich von der Umstellung Ihrer Ernährung erhoffen. Neben Ihrem derzeitigen Gewicht und Ihrem Wunschgewicht können Sie in einem persönlichen Tagebuch auch die Gründe eintragen, warum Sie abnehmen wollen und welche Ziele Sie damit erreichen möchten. Suchen Sie nach ehrlichen Antworten und gehen so auch den Ursachen für Ihr Übergewicht ein Stück weit auf den Grund.

Die Basics – Wie ernähre ich mich richtig?

Und nun zum Wichtigsten: Die richtige Ernährung. Machen Sie Obst und Gemüse zu den Hauptakteuren auf Ihrem Speiseplan. Davon können Sie essen, so viel Sie mögen.
Für die Zubereitung von Speisen verwenden Sie am besten hochwertige Pflanzenöle und kombinieren diese mit fettarmem Fleisch, Fisch sowie reichlich ballaststoffreichen Vollkornprodukten.
Es kommt nicht nur darauf an, Fett zu reduzieren, sondern auch darauf, die einfachen Kohlenhydrate – also zuckerreiche Lebensmittel mit einem hohen glykämischen Index – nur in Maßen zu verzehren (siehe Tipp).
Die Food-Pyramide des amerikanischen Landwirtschaftsministeriums (USDA) richtet sich nach den neuesten wissenschaftlichen Erkenntnissen und bildet die Basis des Koch-Dich-schlank-Ernährungsprinzips. Die Pyramide zeigt sehr anschaulich, wovon Sie viel und wovon Sie wenig essen sollten. Sie werden sehen, sich ausgewogen zu ernähren ist gar nicht so schwer.

Tipp

Gute oder schlechte Kohlenhydrate?

Schlechte Kohlenhydrate – mit hohem glykämischen Index – stecken in: Weißmehlprodukten, Kuchen, Gebäck, Cornflakes, Fast Food, Süßigkeiten, Pommes frites, Limonade oder Cola.
Gute Kohlenhydrate – mit niedrigem glykämischen Index – stecken in: Vollkornbrot, -nudeln, -reis, Vollkornmüsli und -gebäck, Obst und Gemüse, ungesüßten Obst- und Gemüsesäften und Fruchtsaftschorlen.

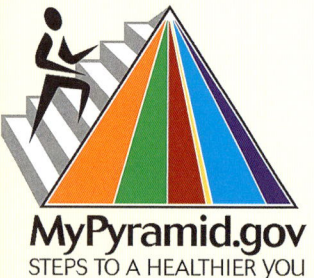

Die Kernaussage der neuen Ernährungspyramide aus den USA: Vollkornprodukte, Gemüse und Obst bilden die Basis gesunder Kost. Mehr dazu finden Sie unter www.mypyramid.gov.

Koch Dich schlank – Die Basics

Die 6 Pfeiler der amerikanischen Food-Pyramide

Getreideprodukte:
Getreideprodukte wie Brot, Müsli, Pasta oder Reis etwa dreimal am Tag (insgesamt circa 180 Gramm; die Hälfte davon in Vollkornqualität) essen.

Gemüse & Salat:
Gemüse sollte den Hauptanteil der täglichen Kost ausmachen. Essen Sie aus dieser Sparte mindestens fünf Portionen (600 Gramm) am Tag.

Früchte & Saft:
Auch für Obst gilt: Möglichst häufig, mindestens fünf Portionen (480 Gramm) pro Tag einplanen. Einen Teil davon können Sie auch in Form von Säften aufnehmen.

Öle & Fette:
Die tägliche Fettzufuhr sollte nicht über 20 bis 30 Prozent der gesamten Kalorienaufnahme liegen und vor allem aus Fisch, Nüssen und pflanzlichen Ölen stammen.

Milchprodukte:
Mindestens drei Portionen, also etwa 700 Gramm, möglichst fettarme Milchprodukte versorgen Ihren Körper mit wertvollem Eiweiß und dem Mineralstoff Calcium.

Fleisch, Eier, Fisch & Bohnen:
Wer schlank bleiben will, bevorzugt fettarme Fleisch- und Fischsorten sowie Hülsenfrüchte und achtet darauf, täglich nicht mehr als 165 Gramm aufzunehmen.

Das Programm:
In 10 Schritten zum Erfolg

Das Wichtigste bei einer Ernährungsumstellung ist, dauerhaft dranzubleiben. Damit Sie es dieses Mal schaffen, haben Sie nicht nur über 200 geeignete Rezepte, sondern auch das Koch-Dich-schlank-Programm zur Hand. Es erklärt Ihnen Schritt für Schritt, worauf es beim Abnehmen wirklich ankommt, und hilft Ihnen, Ihre persönlichen Gewohnheiten

genau unter die Lupe zu nehmen, falls nötig, etwas zu ändern und Dickmacher von Schlankmachern zu unterscheiden.

Schritt 1: Basiswissen aneignen – Essen, was der Körper braucht

Wer abnehmen will, muss darauf achten, dass die Energiebilanz ausgeglichen ist. Das heißt ganz simpel: Die Energie (Kalorien), die Sie Ihrem Körper über das Essen zuführen, müsssen Sie auch wieder verbrauchen, sonst nehmen Sie zu. Wer diesen Energieverbrauch durch das richtige Maß an Bewegung erhöht, wird automatisch das Gewicht reduzieren. »Doch es kommt auch darauf an, woraus diese Kalorien stammen, also ob wir sie in Form von Fett, Eiweiß oder Kohlenhydraten aufnehmen«, so die Meinung der Wissenschaftler.

Eiweiß ist ein Fatburner

Dass Eiweiß schlank macht, hat einen ganz einfachen Grund: Proteine verbrauchen bei ihrer Umwandlung in körpereigenes Eiweiß Kalorien, anstatt welche zuzuführen. Das bedeutet, zu jedem Löffel Joghurt, den Sie verspeisen, muss der Körper Energie zuschießen. Nehmen Sie beispielsweise 100 Kalorien in Form von Eiweiß auf, benötigt der Körper 18 bis 25 Prozent dieser Energiemenge für die Verwertung der Nahrung. Bei Fett sind es hingegen nur zwei bis vier, bei Kohlenhydraten vier bis sieben Prozent. Diese Energie holt sich der Körper aus den Fettdepots. Reichlich Eiweiß enthalten Fleisch, Fisch und Milchprodukte, aber auch in Gemüse, Hülsenfrüchten, Getreide und Nüssen sind Aminosäuren enthalten – allerdings kann der Körper diese pflanzlichen Aminosäuren nicht ganz so gut verwerten.

Gute und schlechte Kohlenhydrate

Als Hauptverursacher von Übergewicht wird das Hormon Insulin verantwortlich gemacht, das die Bauchspeicheldrüse nach jeder kohlenhydratreichen Mahlzeit ins Blut ausschüttet. Der Grund: Solange viel Insulin im Blut kreist, kann der Körper kein Fett abbauen – im Gegenteil, die Fettzellen sind

Tipp

Der beste Weg zum Wunschgewicht

Eine Gewichtsabnahme von maximal fünf bis zehn Prozent von Ihrem jetzigen Ausgangsgewicht reicht für den Anfang. Hat sich dieses Gewicht dann eingependelt, starten Sie, wenn Sie möchten, nochmals mit diesem Programm, bis Sie Schritt für Schritt bei Ihrem Wunschgewicht angekommen sind.

Tipp

Sie möchten es genau wissen?
Besorgen Sie sich eine Körperfettwaage, die das Verhältnis von Fett- zu Muskelmasse im Körper misst. Der Körperfettanteil sollte bei Männern zwischen 10 und 20 Prozent, bei Frauen zwischen 20 und 30 Prozent liegen. Tipp: Eine Körperfettmessung kann man auch in der Apotheke, beim Arzt oder im Fitness-Studio durchführen lassen.

aufs Einlagern programmiert. Wissenschaftler unterteilen deshalb kohlenhydratreiche Lebensmittel nach ihrem glykämischen Index (Glyx). Je höher der ausfällt, desto höher lassen diese Speisen den Blutzucker- bzw. Insulinspiegel ansteigen und desto schlechter sind sie für die Figur. Das bedeutet: Nur wer Lebensmittel mit einem niedrigen glykämischen Index wie Obst, Gemüse und reichlich Vollkornprodukte bevorzugt, bleibt schlank.

Fett macht fett

Im Übermaß genossen, wird Fett nicht verbrannt, sondern in den körpereigenen Depots an Bauch, Po und Hüften eingelagert. Dabei ist es egal, ob es sich um ein hochwertiges Olivenöl aus der Toskana oder ein Stück Schweinebraten handelt! Aus diesem Grund sollten Sie nicht zu viel Fett aufnehmen und zugleich auch auf die Qualität achten. Wählen Sie bei tierischen Fetten wie Fleisch, Wurst oder Milchprodukten so oft wie möglich die fettarme Variante. Pflanzenöle, vor allem Oliven- oder Rapsöl, dürfen Sie etwas großzügiger verwenden. Denn sie enthalten reichlich ungesättigte Fettsäuren, die wichtig sind für Herz und Kreislauf und zur Senkung des Cholesterinspiegels.

Schritt 2: Erfolgreiche Doppelstrategie – Fett und Zucker meiden

Um Ihnen den Umgang mit Kohlenhydraten und Fetten zu erleichtern, sprechen wir künftig nicht mehr vom glykämischen Index oder von ungesättigten Fettsäuren, sondern von Zuckerteufeln und Fettpunkten. Die beiden Bezeichnungen sind ab jetzt die Richtlinien, an die Sie sich halten müssen. So können Sie ganz einfach und ohne mühsames Kalorienzählen Ihr persönliches Wunschgewicht erreichen.

Die Zuckerteufel ■

Je mehr schnell verwertbare Kohlenhydrate mit einem hohen Glyx in einem Lebensmittel oder Gericht enthalten sind, desto mehr Zuckerteufel werden dafür veranschlagt. **Pro Tag**

Das Programm: In 10 Schritten zum Erfolg

dürfen Sie **5 Zuckerteufel,** innerhalb **einer Woche** insgesamt **35 Zuckerteufel** verbrauchen. Der Vorteil: So können Sie – wenn Ihnen danach ist – auch mal ein Stück Kuchen oder ein Eis essen, das viel Zucker enthält. Sie haben ja die Möglichkeit, den Gesamtverbrauch bis zum Ende der Woche wieder auszugleichen. Von Lebensmitteln, die keine Zuckerteufel enthalten, dürfen Sie essen, so viel Sie wollen, denn sie belasten den Blutzuckerspiegel kaum und lenken den Stoffwechsel in Richtung »schlank«. Das gilt zum Beispiel für Obst und Gemüse. Ebenso für Fleisch, Fisch, Geflügel, Soja-, Milch- und Vollkornprodukte. Allerdings müssen Sie hier die Zahl der Fettpunkte beachten.

Die Fettpunkte

Um abzunehmen, empfiehlt die Deutsche Gesellschaft für Ernährung (DGE), nicht mehr als 50 Gramm Fett pro Tag zu essen. Das entspricht **50 Fettpunkten pro Tag** bzw. **350 Fettpunkten in einer Woche.** Es ist gut, wenn Sie Fettpunkte einsparen und für einen Restaurantbesuch oder eine geplante Essenseinladung aufbewahren. Doch bitte achten Sie darauf, pro Tag nicht weniger als 30 Gramm Fett, also 30 Fettpunkte, aufzunehmen. Diese Menge benötigt Ihr Körper nämlich, um lebenswichtige Körperfunktionen zu erhalten, und auch, damit Sie sich glücklich, zufrieden und fit fühlen.

Clever ausgleichen – Die Bonuspunkte

Es ist nicht schlimm, wenn Sie an manchen Tagen etwas mehr Zuckerteufel oder Fettpunkte aufnehmen, denn Sie haben ja die Möglichkeit »kleine Sünden« wieder auszubügeln. Das schaffen Sie entweder, indem Sie am nächsten Tag etwas kürzertreten und Punkte einsparen. Es hilft aber auch wenn Sie mehr Sport treiben oder indem Sie sich einfach nur entspannen: Denn alles, was dem Körper guttut, hilft Ihnen beim Abnehmen und wird mit Bonuspunkten belohnt.

Wenn Sie 100 Bonuspunkte gesammelt haben, können Sie sich an einem Jokertag etwas ganz Besonderes gönnen: eine ausgelassene Party oder einen faulen Fernsehabend. Sie haben

Tipp

So entgehen Sie der Jo-Jo-Falle

Vorsicht vor Crash-Diäten. Nehmen Sie in kurzer Zeit viel ab, stellt sich der Stoffwechsel Ihres Körpers um: Sie kommen mit weniger Nahrung aus. Essen Sie dann wieder so viel wie vor der Diät, nehmen Sie ganz schnell zu. Was hilft? Langsam abnehmen, langfristig die Ernährung umstellen und viel Bewegung.

Tipp

Bewegung macht glücklich

Am meisten Fett verbrennen Sie bei Ausdauersportarten wie Laufen, Walking, Schwimmen oder Radfahren. Achten Sie aber darauf, dass Sie nicht zu schnell werden. Wenn Sie sich beim Sport noch unterhalten können, ohne außer Atem zu sein, ist das Tempo okay.

Koch Dich schlank – Die Basics

aber auch die Möglichkeit, die Bonuspunkte gegen Fettpunkte und/oder Zuckerteufel einzutauschen – wenn zum Beispiel ein großes Fest ansteht. Lösen Sie Ihre Bonuspunkte nicht innerhalb der folgenden Woche ein, verfallen diese, und Sie nehmen schneller ab.

Schritt 3:
Sport macht flexibel – Bewegen Sie sich

Bewegung kurbelt den Stoffwechsel an und bringt zusätzliche Bonuspunkte. Wer viel Sport treibt, wird belohnt. Denn mit Sport können Sie sich richtig viele Bonuspunkte erarbeiten. Hier sehen Sie, wie viele Bonuspunkte Sie sich für welche Sportart anrechnen können:

	15 Min.	30 Min.	45 Min.	60 Min.
Tanzen	5	10	15	20
Kajak fahren	5	10	15	20
Volleyball	6	12	18	24
Angeln	6	12	18	24
Gymnastik	7	14	21	28
Spazierengehen	7	14	21	28
Yogaübungen machen	7	14	21	28
Tischtennis spielen	8	16	24	32
Golf	9	18	27	36
Walking	9	18	27	36
Latin Dance	9	18	27	36
Badminton	10	20	30	40
Rad fahren	11	22	33	44
Ski fahren	11	22	33	44
Tennis	12	24	36	48
Reiten	12	24	36	48
Bergwandern	13	26	39	52
Basketball	15	30	45	60
Fußball	15	30	45	60
Skiwandern	15	30	45	60

Schwimmen	18	36	54	72
Zirkeltraining	20	40	60	80
Laufen / Joggen	21	42	63	84
Schlittschuhlaufen	21	42	63	84
Trampolin springen	21	42	63	84
Judo	21	42	63	84
Inlineskaten	22	44	66	88
Nordic Walking	22	44	66	88
Squash	23	46	69	92
Indoor Cycling	30	60	90	120

Schritt 4: Energiegeladen in den Tag – Frühstück nicht vergessen

Gehören Sie auch zu den Menschen, die morgens ohne Frühstück aus dem Haus hetzen und die erste Mahlzeit des Tages überspringen, um Zeit oder Kalorien zu sparen? Tatsächlich ist dann aber meist das Gegenteil der Fall. Denn wie zahlreiche Studien beweisen, haben Frühstücksabstinenzler viel häufiger mit ihrem Gewicht zu kämpfen. Woran das liegt? Ganz einfach: Nach dem Aufstehen sind die Energiespeicher leer, der Blutzuckerspiegel im Keller. Mit Hilfe der Morgenmahlzeit kommen Sie schneller in die Gänge, Kreislauf, Verdauung und Stoffwechsel werden angekurbelt. Und das Beste: Ihr Magen wird sich sicherlich erst zur Mittagszeit mit einem sanften Knurren bemerkbar machen. Was dazu führt, dass Sie tagsüber viel seltener zu ungesunden Snacks greifen und Kalorien sparen.

Schritt 5:
Regelmäßig essen – Fünf am Tag hält schlank

Durch gleichmäßig über den Tag verteilte kleine Snacks und Mahlzeiten können Sie Ihren Blutzuckerspiegel konstant halten. Sie sind länger satt und vermeiden so Heißhungerattacken. Am besten ist es, den ganzen Tag über alle drei bis vier Stunden etwas zu essen: Frühstück, Mittag- und Abendessen sowie zwei Snacks zwischendurch. Nur so bleibt der Blut-

Tipp

Frühstück muss sein
Achten Sie einmal bewusst auf Ihre Frühstücksgewohnheiten, denn auch hier können sich viele (überflüssige) Fettpunkte und Zuckerteufel ansammeln. Besser Vollkornbrot statt Weißbrot, ungezuckertes Früchtemüsli statt Schokomüsli, Kochschinken statt Salami. So sparen Sie ganz einfach Punkte – an 365 Tagen im Jahr.

Tipp

Runter vom Sofa
Nehmen Sie die Sporttasche gleich mit ins Büro. Wer nach einem anstrengenden Arbeitstag erst mal ins Sofa sinkt, hat es schwerer, sich zum Sport aufzuraffen.

zucker in Balance, und Sie werden nicht in Versuchung geführt, unnötige Dickmacher zu verspeisen.

Zeit nehmen lohnt sich

Auch wenn Ihr Terminkalender noch so voll ist, Sie keine Pause oder Lust haben zu kochen: Nehmen Sie sich Zeit, mittags etwas zu essen. Essen Sie zu Hause, in der Kantine oder gehen ins Restaurant, wenn Sie mögen – Hauptsache, Sie genießen. Zugegeben, ganz so locker sollten Sie das mit dem Genießen nun auch wieder nicht sehen, denn gerade in Restaurants und Kantinen wird oft ohne Rücksicht auf Fett und Kalorien gekocht. Deshalb lautet die Devise: Bewusst auswählen und Fettpunkte und Zuckerteufel im Auge behalten.

Schritt 6: Schluck für Schluck zur Idealfigur – Ausreichend trinken

Trinken Sie über längere Zeit zu wenig, verspüren Sie erst viel später ein Durstgefühl. Der Körper hat sich bereits auf die geringe Menge eingestellt. Das ist fatal, denn wenn wir Durst haben, ist die Wasserbilanz des Körpers bereits im Minus. Er drosselt die Stoffwechselrate, speichert das Wasser im Gewebe und lässt uns regelrecht aufgeschwemmt aussehen. Sie können den Körper jedoch wieder auf ein stärkeres Durstgefühl trainieren. Versuchen Sie ab heute, jede Stunde ein Glas Wasser zu trinken, so merkt der Körper, dass die Not vorbei ist, und baut die Depots im Gewebe ab. Dadurch nehmen Sie – allein durch das Trinken – ein bis zwei Kilo ab.

Trinken lässt sich trainieren

Zwei Liter Wasser oder ungesüßten Tee sollten Sie idealerweise am Tag trinken. Falls Ihnen das unglaublich viel erscheint, gibt es verschiedene Möglichkeiten, sich das Trinken anzutrainieren:

1. Erhöhen Sie die Menge in kleinen Schritten. Dadurch gewöhnt sich der Körper langsam an die empfohlene Trinkmenge und wird künftig auch ganz von allein danach verlangen.

Das Programm: In 10 Schritten zum Erfolg

2. Stellen Sie die Trinkmenge gleich morgens bereit, am besten an einem Platz, wo Sie mehrmals am Tag vorbeikommen: in der Küche oder im Büro. Auch kleine Merkzettel am Computer oder Kühlschrank helfen.

Schritt 7: Bewusst genießen – Warum Verbote nichts bringen

Rigide Verbote, wie nie mehr Schokolade zu essen, sind auf Dauer einfach nicht durchzuhalten. »Nie mehr« ist schon passé, wenn ein einziges Stück Schokolade auf unserer Zunge zerschmilzt. Jetzt ist es auch schon egal, sagt dann der Kopf, und wir verspeisen vor lauter Heißhunger gleich die ganze Tafel.

Kleine Sünden sind erlaubt

Je strenger Sie zu sich selbst sind, desto größer ist die Wahrscheinlichkeit, dass in bestimmten Situationen Ihr eiserner Wille versagt und Sie unkontrolliert über die Stränge schlagen. Erlauben Sie sich stattdessen eine bestimmte Menge »kleiner Sünden« pro Woche und genießen Sie die, wenn Ihnen danach ist. Sie werden sehen, die guten Vorsätze sind viel leichter einzuhalten, wenn Sie sich ab und zu Spielraum für unvorhergesehene Genussmomente lassen. Notieren Sie die so verbrauchten Fettpunkte und Zuckerteufel und sparen diese beim nächsten Mittagessen wieder ein. Oder bewegen Sie sich einfach mehr. Hauptsache, am Ende der Woche stimmt die Bilanz.

Schritt 8: Gemeinsam standhaft bleiben – Die Kunst, nein zu sagen

Beim Essen mit der Familie, Kollegen, Geschäftspartnern oder Freunden sind die Alltagsroutinen oft außer Kraft gesetzt und alle guten Vorsätze dahin. Kennen Sie das Problem? Zugegeben, es ist auch wirklich verdammt schwer, einer fordernden Schwiegermutter den Sonntagsbraten oder der netten Kollegin das zweite Stückchen selbstgebackenen Apfelkuchens abzuschlagen. Es gibt unzählige Situationen, in denen wir uns dem Willen anderer notgedrungen beugen.

Infos für Naschkatzen

Gummibärchen
(50 g) 0 ♦, 8 ■

Trockenfrüchte
(25 g) 0 ♦, 0 ■

Fruchteis
(75 g) 1 ♦, 4 ■

Popcorn
(süß, 40 g) 2 ♦, 5 ■

Vollmilch-Schokolade
(1 Riegel) 4 ♦, 1 ■

Bitter-Schokolade
(1 Riegel) 4 ♦, 0 ■

Vanillepudding
(125 g) 4 ♦, 5 ■

Mousse au Chocolat
(150 g) 10 ♦, 5 ■

Marzipan
(50 g) 12 ♦, 6 ■

Tiramisu
(150 g) 17 ♦, 10 ■

Tipp

Im Restaurant – Sie haben die Wahl
- Wiener Schnitzel mit Pommes: 22 ♦, 10 ■
- besser: Putenschnitzel mit Salzkartoffeln: 5 ♦, 5 ■
- Panierter Fisch mit Bratkartoffeln: 23 ♦, 13 ■
- besser: Forelle mit Vollkornreis: 6 ♦, 0 ■
- Spaghetti Carbonara: 31 ♦, 4 ■
- besser: Spaghetti Napoli: 6 ♦, 4 ■
- Lasagne: 42 ♦, 4 ■
- besser: Spaghetti Bolognese: 14 ♦, 4 ■

Koch Dich schlank – Die Basics

»Falsch!«, sagen Ernährungsexperten und raten uns, gerade dann hart zu bleiben und nur das zu essen, was wir selber möchten. Es kostet zwar etwas Überwindung, doch wenn Sie es ein paar Mal geübt haben, geht es fast wie von selbst. Probieren Sie es aus …

Keine Angst vor Einladungen und Festen

1. Sparen Sie im Laufe des Tages Fettpunkte und Zuckerteufel und verdienen Sie sich durch Sport Bonuspunkte. Das Essen ist die Belohnung dafür.
2. Gehen Sie nicht ausgehungert und mit knurrendem Magen zum Fest.
3. Füllen Sie Ihren Teller mit viel Gemüse und Salat. So ist gar kein Platz mehr für ungesunde Gerichte.
4. Trinken Sie viel Wasser oder verdünnte Säfte. Alkohol nur in Maßen.
5. Essen und trinken Sie langsam. Ein gefüllter Teller und ein gefülltes Glas schützen Sie vor schnellem Nachschub durch den Gastgeber.
6. Sagen Sie freundlich, aber entschieden »Nein, danke«, wenn Sie jemand zum Mehressen drängt.
7. Genießen Sie das Fest und ärgern Sie sich nicht, wenn Sie ausnahmsweise über die Stränge geschlagen haben.

Schritt 9: Abnehmen ist Kopfsache – Die Kraft der Gedanken

Abnehmen ist vor allem Kopfsache. Beziehen Sie deshalb unbedingt Ihre Psyche mit ein.

Ganz wichtig ist, dass Sie sämtliche negativen Gedanken rigoros über Bord werfen. Solange diese ständig um Ihre Figur kreisen, werden Sie die Pfunde nie los.

Damit sich Ihre positiven Gedanken und Ihre neuen Ziele nicht gleich wieder verflüchtigen, ist es wichtig, sich diese immer wieder zu vergegenwärtigen. Notieren Sie sich deshalb regelmäßig und detailliert Ihre Gedanken und Gefühle, die Sie gerade beschäftigen. Und seien Sie dabei vor allem ehrlich zu sich selbst.

Stellen Sie sich folgende Fragen:
- Wie fühle ich mich heute?
- Bin ich mit mir und meinem Körper zufrieden?
- Was möchte ich ändern? Warum?
- Welches ist mein schönstes Körperteil?
- Was macht mich zufrieden?

Schritt 10: Essmuster bestimmen – Weg mit alten Gewohnheiten

Der Verzicht auf Kleinigkeiten bringt mehr, als Sie vielleicht denken. Achten Sie mal darauf, wie oft Sie etwas essen, obwohl der Magen kein bisschen knurrt. Die Schokolade, die für einen anstrengenden Arbeitstag entschädigt, oder die Tüte Chips, die unsere Sorgen vertreibt. Natürlich ergeben diese Seelentröster in solchen Situationen Sinn – nur leider keinen besonders figurfreundlichen. Finden Sie deshalb heraus, welche Gewohnheiten bei Ihnen zu Buche schlagen. Und denken Sie daran, es ist nicht die eine Portion Zuckerwatte auf dem Oktoberfest, die Weihnachtsgans oder das Eis in der Augusthitze, die dick machen. Es geht um falsche Gewohnheiten, die sich, Tag für Tag, 365-mal im Jahr, summieren. Das eine Stück Zucker im Kaffee, das morgendliche Croissant vom Bäcker, das Glas Cola im Büro – aufs ganze Jahr gerechnet kommt da ganz schön was zusammen.

So behalten Sie den Überblick

Der beste Weg zu erkennen, wo die Fehler in Ihrer Ernährung liegen, ist das Führen eines Ernährungstagebuchs (Kopiervorlage in der Buchklappe). Schreiben Sie in den kommenden Tagen genau auf, was Sie wann gegessen und getrunken haben. Und auch, was Sie dabei vielleicht abgelenkt hat. Das Tagebuch ist der Spiegel für Ihre Gewohnheiten und hilft, die Ursachen für Ihr Übergewicht zu finden. Essen Sie meist aus Langeweile, zur Belohnung oder weil Sie sich einsam fühlen? Haben Sie Ihre persönlichen Heißhungerauslöser erst einmal enttarnt, können Sie diese künftig ganz gezielt umgehen.

Tipp

Gewohnheiten ändern lohnt sich

Auch bei Kleinigkeiten lassen sich jede Menge Fettpunkte und Zuckerteufel sparen – und so übers Jahr jede Menge Kilos verlieren.

- Zucker im Kaffee: bei vier Tassen Kaffee täglich mit je einem Stück Zucker macht das drei Kilo pro Jahr.
- Täglich ein kleiner Keks zum Tee oder Kaffee: knapp fünf Kilo mehr pro Jahr.
- Chips zum Fernsehen: Wer jeden Tag zugreift, nimmt 14 Kilo pro Jahr zu.
- Zweimal pro Woche vor dem Essen der Griff in den Brotkorb: plus drei Kilo pro Jahr.

Los geht's: Der 14-Tage-Abnehmplan

So geht's

Die nächsten 14 Tage bestimmen Fettpunkte und Zuckerteufel Ihre Ernährung. Essen Sie nach unserem Wochenplan oder stellen Sie sich selbst einen persönlichen Plan zusammen. Wir verraten außerdem: Jede Menge Tipps und Tricks, wie Sie Ihr Idealgewicht noch schneller erreichen.

Tipp

Wenn der kleine Hunger kommt ...

... gönnen Sie sich am besten etwas, was nicht zu Buche schlägt. Wie wäre es mit Obst, Gemüse oder einem großen Glas Mineralwasser oder ungesüßtem Tee. Hiervon können Sie genießen, so oft und so viel Sie wollen.

Los geht's: Der 14-Tage-Abnehmplan

Das flexible Punktesystem: Ihr Schlüssel zum Erfolg

Wenn Sie sich an die Vorgaben des Koch-Dich-Schlank-Prinzips halten, dürfen Sie **pro Tag 5 Zuckerteufel** und **50 Fettpunkte** verbrauchen. Macht **35 Zuckerteufel** bzw. **350 Fettpunkte** pro Woche.

So sparen Sie Fettpunkte ◆

■ Essen Sie reichlich Gemüse und Obst, das enthält 0 Fettpunkte und macht trotzdem lange satt.
■ Geben Sie frischen Lebensmitteln immer den Vorzug. Fertiggerichte, -suppen und -saucen können viel Fett enthalten. Achten Sie auf die Angaben auf der Verpackung. Pro Gramm enthaltenem Fett ernten Sie 1 Fettpunkt.
■ Bei Streichwurst oder Nuss-Nougat-Creme lassen Sie die Butter auf dem Brot weg oder ersetzen sie durch fettarmen Frischkäse, Senf, Tomatenmark oder Quark. Weiche Butter lässt sich dünner aufs Brot streichen. Pro gespartem Teelöffel Butter wird Ihr Konto um 4 Fettpunkte erleichtert.
■ Verwenden Sie für Puddings oder Süßspeisen fettarme Milch, fettarmen Joghurt oder Magerquark statt Produkte mit Vollfettstufe – das spart 4 Fettpunkte pro 200 Milliliter bzw. Gramm.
■ Bereiten Sie Salatsaucen mit wenig Öl, dafür mehr Joghurt, Quark oder Milch zu, so können Sie pro Portion 6 Fettpunkte gutschreiben. Verwenden Sie saure Sahne statt Mayonnaise, so dürfen Sie pro Esslöffel 17 Fettpunkte abziehen.
■ Statt Schokolade auch ab und zu mal fettfreie Süßigkeiten wie Gummibärchen, Fruchtbonbons oder Lakritze naschen.
■ Obst-, Hefe- und Biskuitkuchen enthalten viel weniger Fett als Creme- und Sahnetorten, pro Stück etwa 14 Fettpunkte weniger.
■ Dämpfen, dünsten oder grillen Sie Ihre Gerichte in beschichteten Pfannen – so brauchen Sie viel weniger Fett und sparen pro Esslöffel 12 Fettpunkte.

- Ersetzen Sie bei Saucen oder Aufläufen die Sahne zur Hälfte durch Milch. Binden Sie Braten- oder Gemüsefonds mit geriebenen rohen Kartoffeln. Pro Esslöffel gesparter Sahne können Sie 5 Fettpunkte auf Ihrem Konto gutschreiben.
- Bei Fleisch, Geflügel und Schinken die fettreiche Kruste, Haut bzw. den Fettrand wegschneiden, das lohnt sich mit durchschnittlich 10 Fettpunkten pro Portion.
- Wenn Sie Fleischbrühe und Saucen kalt werden lassen, können Sie das Fett von der Oberfläche abschöpfen. Macht 12 Fettpunkte pro abgeschöpftem Esslöffel.
- Setzen Sie auf magere Fleisch- und Geflügelsorten. Essen Sie also z. B. Putenschnitzel natur statt paniertes Schweineschnitzel, Rinderfilet statt Bratwurst usw., das spart im Schnitt 20 Fettpunkte pro Portion.

So sparen Sie Zuckerteufel

- Wenn schon knabbern, dann Kokoschips oder Nüsse statt Kartoffelchips, das spart 4 Zuckerteufel pro 50 Gramm.
- Wer Vollkorn-Haferflocken oder Vollkornmüsli statt gezuckerter Reiscrispies frühstückt, nimmt 5 Zuckerteufel pro Portion (30 Gramm) weniger zu sich.
- Bei Brot heißt die Devise: bitte die Vollkornvariante – macht 3 Zuckerteufel pro Scheibe.
- Auch bei der Kartoffel kommt es darauf an, wie man sie zubereitet: Besser Pellkartoffeln statt Pommes frites, spart 3 Zuckerteufel (und 13 Fettpunkte!) pro 150 Gramm.
- Rund zwei Liter sollten Sie pro Tag trinken. Stammt diese Flüssigkeit jedoch vor allem aus Limonade oder Cola (statt Wasser), kommen auf Ihrem Konto 7 Zuckerteufel pro 200 Milliliter zusammen. Das summiert sich …
- Marmelade gehört zum Frühstück einfach dazu. Wählen Sie Fruchtaufstrich statt Marmelade, das spart 1 Zuckerteufel pro Esslöffel.
- Auf Schokolade verzichten? Müssen Sie nicht! Ab und zu Zartbittersorte mit einem hohen Kakaoanteil genießen – macht 2 Zuckerteufel pro Tafel. Wer nur einen kleinen Riegel (12,5 g) isst, berechnet 0 Zuckerteufel.

Tipp

5 Extrapunkte für Extra-Bewegung im Alltag:

- Treppe statt Aufzug benutzen
- zum Bäcker laufen und Brötchen holen
- zu Fuß zum Einkaufen gehen
- mit dem Rad zur Arbeit fahren
- eine Bushaltestelle früher aussteigen

Tipp

5 Extrapunkte für alles, was dem Körper guttut …

- eine Massage
- einen Saunabesuch
- eine heiß-kalte Wechseldusche
- ein duftendes Bad
- eine Yoga-Sitzung

Leckeres leicht verdient – Das Bonusprogramm

Durch Sport können Sie sich jede Menge Bonuspunkte erarbeiten (siehe auch Seite 15 und 16). Aber auch ganz »normale« Haushaltsarbeit zahlt sich als Bonuspunkte aus, wie die Tabelle unten zeigt.

Haben Sie 100 Bonuspunkte gesammelt, können Sie diese entweder gegen einen Jokertag (siehe auch Seite 15 und 16), aber auch gegen Zuckerteufel oder Fettpunkte eintauschen: **10 Bonuspunkte = 10 Fettpunkte oder 1 Zuckerteufel.** Lösen Sie Ihre Bonuspunkte nicht innerhalb der folgenden Woche ein, verfallen sie – Sie nehmen schneller ab!

Das bringt Extra-Bonuspunkte

Tätigkeiten im Alltag	15 Min.	30 Min.	45 Min.	60 Min.
Backen	3	6	9	12
Nähen	3	6	9	12
Kochen	4	8	12	16
Schlagzeug spielen	7	14	21	28
Klavier spielen	4	8	12	16
Fenster putzen	5	10	15	20
Bügeln	6	12	18	24
Einkaufen	6	12	18	24
Auto reparieren	6	12	18	24
Putzen	7	14	21	28
Wände streichen	4	8	12	16
Laub rechen	8	16	24	32
Kehren, wischen	8	16	24	32
Auto waschen	9	18	27	36
Boden schrubben	10	20	30	40
Schnee schaufeln	11	22	33	44
Rasen mähen	11	22	33	44
Möbel rücken	11	22	33	44
Im Garten arbeiten	11	22	33	44
Kisten schleppen	17	34	51	68

Die besten Strategien zum Durchhalten

Die besten Strategien zum Durchhalten

Nichts geht mehr
Der kritische Punkt: Erst purzelten die Kilos, und plötzlich steht das Gewicht. Ihr Körper legt eine kurze Verschnaufpause ein, die Sie ihm gönnen sollten. Dann wird er die letzten Kilos auch noch hergeben. Hauptsache, Sie denken positiv und glauben an Ihren Erfolg.

Ich bin so im Stress
Sie stehen ständig unter Strom? Entspannen Sie sich, gönnen Sie sich eine Auszeit, ein heißes Bad oder einen Spaziergang. Oder schließen Sie die Augen und zählen langsam bis zehn, atmen Sie dabei ruhig und langsam.

Ich fühle mich allein gelassen
Suchen Sie sich Unterstützung in Ihrer Familie oder bei Freunden. Erklären Sie, warum Ihnen das Abnehmen wichtig ist und dass es Ihnen guttut, mit jemandem zu reden.

Ich werde einfach nicht satt
Überlegen Sie: Habe ich wirklich noch Hunger oder ist es nur Appetit? Esse ich zu schnell? Das Sättigungsgefühl setzt erst nach circa 20 Minuten ein. Haben Sie sich auf die Mahlzeit konzentriert? Vor dem Fernseher oder während der Arbeit gegessene Mahlzeiten werden vom Gehirn nicht richtig wahrgenommen. Trinken Sie viel Wasser und essen mehr Gemüse und Salat.

Schokolade ist stärker als mein Wille
Tragen Sie eine Schachtel mit zehn Streichhölzern ständig bei sich. Jedes Streichholz steht für einen Riegel Schokolade. Jedes Mal, wenn der Süßhunger Sie überfällt, lassen Sie ein Streichholz abbrennen, bevor Sie zur Schokolade greifen.

Tipp

Ich mag nicht mehr!
Betrachten Sie ein älteres Foto von sich: Vielleicht können Sie bereits erkennen, dass Sie schon ein paar Pfunde abgespeckt haben. Fragen Sie sich dann: Worauf freue ich mich ganz besonders, wenn ich mein Wunschgewicht erreicht habe? Wie werde ich mich dann fühlen?

Los geht's: Der 14-Tage-Abnehmplan

Der Essensplan für 14 Tage

Auf den folgenden Seiten finden Sie einen ausgeklügelten Essensplan für die nächsten 14 Tage. Das Gute daran: Sie brauchen sich keine Gedanken zu machen, ob Sie zu viele Fettpunke oder Zuckerteufel verbraucht haben oder nicht. Wenn Sie sich genau an die Vorgaben halten, ist Ihre Bilanz garantiert immer im grünen Bereich, und Sie werden automatisch abnehmen. Der Essensplan gibt Ihnen genau vor, was Sie mittags, abends und zwischendurch essen dürfen. Vorschläge, wie Sie Bonuspunkte erarbeiten und so den Abnehmerfolg beschleunigen oder kleine Sünden ausbügeln können, finden Sie in der hinteren Buchklappe.

Tipp

Die intelligente Diät
Eine Diät funktioniert nur dann, wenn sie individuell ist. Man muss sich selbst kennenlernen und kann nicht einem Weg folgen, der für alle gilt! Wer seinen Essensplan also lieber selbst zusammenstellen möchte, findet in der vorderen Buchklappe seinen persönlichen Wochenplan zum Ausfüllen.

1. Tag

ESSENSPLAN	💧	◼	✚
Frühstück Vitalmüsli (S. 39)	13	0	___
Snack 2 Scheiben Vollkornbrot mit Camembertcreme (S. 61)	1	0	___
Mittagessen Gazpacho-Salat (S. 69)	12	0	___
Snack Papaya-Shake (S. 43)	1	0	___
Abendessen Spaghetti mit Knoblauch- garnelen (S. 91)	21	0	___
Sonstiges: Außerdem habe ich heute gegessen bzw. getrunken: _____ _____ _____ _____			
GESAMT: (Fettpunkte, Zuckerteufel, Bonuspunkte)	___	___	___

2. Tag

ESSENSPLAN	💧	◼	✚
Frühstück 2 Scheiben Vollkornbrot mit Camembertcreme (S. 61)	1	0	___
Snack Kiwi-Passionsfrucht-Salat mit 150 g Light-Joghurt (S. 52)	7	0	___
Mittagessen Hähnchen mit Limetten- butter (S. 113)	16	0	___
Snack Kiwi-Passionsfrucht-Salat mit 150 g Light-Joghurt (S. 52)	7	0	___
Abendessen Gazpacho-Salat (S. 69)	12	0	___
Sonstiges: Außerdem habe ich heute gegessen bzw. getrunken: _____ _____ _____ _____			
GESAMT: (Fettpunkte, Zuckerteufel, Bonuspunkte)	___	___	___

3. Tag

ESSENSPLAN	💧	■	✚
Frühstück Himbeer-Quark (S. 41)	6	1	___
Snack Tomaten-Mozzarella-Brot (S. 64)	20	0	___
Mittagessen Tomaten-Mango-Suppe (S. 76)	7	1	___
Snack Erdbeer-Smoothie (S. 47)	2	0	___
Abendessen Lachsfilet mit Orangen-vinaigrette (S. 104)	15	0	___
Sonstiges: Außerdem habe ich heute gegessen bzw. getrunken: ___ ___ ___ ___			
GESAMT: (Fettpunkte, Zuckerteufel, Bonuspunkte)	___	___	___

4. Tag

ESSENSPLAN	💧	■	✚
Frühstück Chili-Rührei (S. 42)	21	0	___
Snack Mango-Papaya-Salat mit 150 g Light-Joghurt (S. 52)	1	1	___
Mittagessen Pasta mit frischen Feigen (S. 93)	16	0	___
Snack Mango-Papaya-Salat mit 150 g Light-Joghurt (S. 52)	1	1	___
Abendessen Tomaten-Mango-Suppe (S. 76)	7	1	___
Sonstiges: Außerdem habe ich heute gegessen bzw. getrunken: ___ ___ ___ ___			
GESAMT: (Fettpunkte, Zuckerteufel, Bonuspunkte)	___	___	___

5. Tag

ESSENSPLAN	💧	■	✚
Frühstück Müsli mit Bananenschaum (S. 39)	12	0	___
Snack Veggie-Sandwich (S. 63)	8	0	___
Mittagessen Spargel mit Rumpsteak (S. 110)	18	0	___
Snack Mango-Lassi (S. 47)	4	0	___
Abendessen Feuriger Glasnudelsalat (S. 87)	7	2	___

Sonstiges:
Außerdem habe ich heute gegessen bzw. getrunken:
_____
_____
_____
_____

GESAMT:
(Fettpunkte, Zuckerteufel, Bonuspunkte) ___ ___ ___

6. Tag

ESSENSPLAN	💧	■	✚
Frühstück Feigen-Käse-Brot (S. 63)	23	0	___
Snack Jogger-Frühstück (S. 46)	1	0	___
Mittagessen Feuriger Glasnudelsalat (S. 87)	7	2	___
Snack Kiwi-Ananas-Salat mit Mandelquark (S. 53)	8	3	___
Abendessen Spinatsuppe (S. 75)	10	0	___

Sonstiges:
Außerdem habe ich heute gegessen bzw. getrunken:
_____
_____
_____
_____

GESAMT:
(Fettpunkte, Zuckerteufel, Bonuspunkte) ___ ___ ___

7. Tag

ESSENSPLAN	💧	■	✚
Frühstück Guten-Morgen-Müsli (S. 40)	8	3	___
Snack Thunfisch-Sandwich (S. 65)	12	0	___
Mittagessen Spinatsuppe (S. 75)	10	0	___
Snack Bananen-Erdbeer-Shake (S. 46)	3	0	___
Abendessen Gefüllte Paprikaschoten (S. 96)	14	0	___

Sonstiges:
Außerdem habe ich heute gegessen bzw. getrunken:
_____
_____
_____
_____

GESAMT: (Fettpunkte, Zuckerteufel, Bonuspunkte)	💧 ___	■ ___	✚ ___

8. Tag

ESSENSPLAN	💧	■	✚
Frühstück Rührei mit Tomate (S. 42)	22	0	___
Snack Heidelbeerquark (S. 53)	0	4	___
Mittagessen Gefüllte Paprikaschoten (S. 96)	14	0	___
Snack Gemüsesticks mit Kräuterdip (S. 70)	2	0	___
Abendessen Japanische Misosuppe (S. 75)	8	0	___

Sonstiges:
Außerdem habe ich heute gegessen bzw. getrunken:
_____
_____
_____
_____

GESAMT: (Fettpunkte, Zuckerteufel, Bonuspunkte)	💧 ___	■ ___	✚ ___

9. Tag

ESSENSPLAN	💧	◼	✚
Frühstück Heidelbeerquark (S. 53)	0	4	___
Snack Roastbeef-Sandwich (S. 66)	15	0	___
Mittagessen Fussili alla calabrese (S. 92)	16	0	___
Snack 2 Scheiben Vollkornbrot mit Pistaziencreme (S. 61)	5	0	___
Abendessen Bouillabaisse (S. 77)	11	0	___
Sonstiges: Außerdem habe ich heute gegessen bzw. getrunken: _____ _____ _____ _____			
GESAMT: (Fettpunkte, Zuckerteufel, Bonuspunkte)	___	___	___

10. Tag

ESSENSPLAN	💧	◼	✚
Frühstück 2 Scheiben Vollkornbrot mit Pistaziencreme (S. 61)	5	0	___
Snack Kiwi-Buttermilch-Mix (S. 45)	1	0	___
Mittagessen Bouillabaisse (S. 77)	11	0	___
Snack Brötchen mit Paprikatatar (S. 63)	16	0	___
Abendessen Milchreis mit Rhabarber (S. 49)	14	4	___
Sonstiges: Außerdem habe ich heute gegessen bzw. getrunken: _____ _____ _____ _____			
GESAMT: (Fettpunkte, Zuckerteufel, Bonuspunkte)	___	___	___

11. Tag

ESSENSPLAN	💧	◼	✚
Frühstück Milchreis mit Rhabarber (S. 49)	14	4	___
Snack Pfirsich-Himbeer-Mix (S. 45)	1	1	___
Mittagessen Asiatische Reisnudeln (S. 117)	12	0	___
Snack Gemüsesticks mit Kräuterdip (S. 70)	2	0	___
Abendessen Hähnchen-Pfirsich-Salat (S. 71)	21	0	___
Sonstiges: Außerdem habe ich heute gegessen bzw. getrunken: _____ _____ _____ _____			
GESAMT: (Fettpunkte, Zuckerteufel, Bonuspunkte)	___	___	___

12. Tag

ESSENSPLAN	💧	◼	✚
Frühstück Eibrot (S. 64)	16	0	___
Snack Fitness-Shake (S. 46)	3	0	___
Mittagessen Roastbeefsalat mit Rucola (S. 72)	15	0	___
Snack Kreta-Sandwich (S. 66)	8	0	___
Abendessen Japanische Misosuppe (S. 75)	8	0	___
Sonstiges: Außerdem habe ich heute gegessen bzw. getrunken: _____ _____ _____ _____			
GESAMT: (Fettpunkte, Zuckerteufel, Bonuspunkte)	___	___	___

13. Tag

ESSENSPLAN	💧	■	✚
Frühstück Ingwer-Müsli (S. 39)	10	0	___
Snack Harzer Käsebrötchen (S. 65)	16	0	___
Mittagessen Räucherfisch mit Apfelsauce (S. 73)	11	0	___
Snack Ingwer-Früchte-Joghurt (S. 53)	1	3	___
Abendessen Ratatouille (S. 98)	12	0	___

Sonstiges:
Außerdem habe ich heute gegessen bzw. getrunken:
_____
_____
_____
_____

GESAMT: 💧 ■ ✚
(Fettpunkte, Zuckerteufel, Bonuspunkte) ___ ___ ___

14. Tag

ESSENSPLAN	💧	■	✚
Frühstück Ingwer-Früchte-Joghurt (S. 53)	1	3	___
Snack Fischbrötchen (S. 64)	26	0	___
Mittagessen Ratatouille (S. 98)	12	0	___
Snack Heidelbeermolke (S. 47)	1	0	___
Abendessen Gemüse mit Hähnchenbrust (S. 113)	10	0	___

Sonstiges:
Außerdem habe ich heute gegessen bzw. getrunken:
_____
_____
_____
_____

GESAMT: 💧 ■ ✚
(Fettpunkte, Zuckerteufel, Bonuspunkte) ___ ___ ___

Leicht & lecker: So kochen Sie sich schlank

Rezepte

Mehr als 200 Rezepte sorgen für Abwechslung – nicht nur während Ihres Koch-Dich-schlank-Programms. Manche Rezepte sind für 2 oder 4 Portionen berechnet – so brauchen Sie sich am nächsten Tag übers Essen keine Gedanken machen und können die Zeit anderweitig nutzen.

Guten Morgen: Leckere Frühstücksideen

VITALMÜSLI
(Foto)

3 EL ungezuckertes Müsli
1 EL Haselnusskerne, grob gehackt
1 EL Rosinen
frisches Obst nach Wahl
(z.B. 1 Apfel, 1 Banane, 50 g Weintrauben)
150 ml fettarme Milch
100 g fettarmer Joghurt

→ Müsli in Schälchen verteilen. Haselnüsse und Rosinen über das Müsli streuen.
→ Obst waschen bzw. schälen und in mundgerechte Stücke schneiden. Mit Müsli, Milch und Joghurt verrühren.

Für 1 Portion
Pro Portion: **13** ♦, **0** ■
🥄 5 Minuten

INGWERMÜSLI

1 Banane, 1 Apfel
1/2 cm Ingwerwurzel
150 g Magerquark
1 EL Zitronensaft
75 ml fettarme Milch
1 EL Honig
4 EL Vollkorn-Haferflocken

→ Banane schälen und in Scheiben schneiden. Apfel waschen, halbieren, entkernen und in kleine Würfel schneiden. Ingwer schälen und fein reiben.
→ Obst zusammen mit Quark, Zitronensaft, Ingwer, Milch und Honig im Mixer pürieren.
→ Haferflocken in ein Schälchen geben und die Quarkcreme darübergeben.

Für 1 Portion
Pro Portion: **10** ♦, **0** ■
🥄 7 Minuten

MÜSLI MIT BANANENSCHAUM

1 Banane
150 ml fettarme Milch
1 Apfel
4 EL Vollkorn-Haferflocken
1 EL Kokosflocken
1 Prise Zimt

→ Banane schälen, grob zerkleinern und in einen Mixbecher geben. Mit Milch aufgießen und mit dem Pürierstab schaumig rühren.
→ Äpfel waschen, vierteln, entkernen und in kleine Würfel schneiden.
→ Hafer- und Kokosflocken in einer beschichteten Pfanne ohne Fett ca. 5 Min. rösten, dabei ab und zu umrühren. In eine Schüssel geben und mit Zimt bestreuen.
→ Apfelstückchen dazugeben und den Bananenschaum darübergießen.

Für 1 Portion
Pro Portion: **12** ♦, **0** ■
🕐 10 Minuten

Info

Diese Symbole helfen Ihnen, immer das passende Rezept zu finden:

🕐 **Wenig Zeit:** Einfach und blitzschnell gekocht

🥄 **Office Food:** Zu Hause vorbereiten, unterwegs genießen

Gesunder Vorrat: Zum Einfrieren geeignet

🍸 **Für Gäste:** Macht was her

Leckere Frühstücksideen

GUTEN-MORGEN-MÜSLI

150 g frisches Obst nach Wahl
(z. B. Erdbeeren, Banane oder Kiwi)
1 Tasse Schoko-Müsli
(oder Joghurt-Müsli)
200 g fettarmer Joghurt

→ Obst waschen bzw. schälen und in Stücke schneiden.
→ Müsli in eine Schale geben und mit Joghurt und den Früchten gut verrühren.

Für 1 Portion
Pro Portion: 8 ♦, 3 ■
⏲ 5 Minuten

KNÄCKEBROT MIT FRISCHKÄSE

50 g fettarmer Frischkäse
2 Scheiben Knäckebrot
2 EL Fruchtaufstrich

→ Den fettarmen Frischkäse auf die Knäckebrotscheiben streichen und nach Belieben mit etwas Fruchtaufstrich garnieren.

Für 1 Portion
Pro Portion: 5 ♦, 3 ■
⏲ 5 Minuten

Tipp

Fruchtaufstrich ist die schlanke Alternative zur Marmelade. Er enthält nämlich rund 30% weniger Zucker bzw. Zuckerteufel. Einziger Nachteil: Er ist weniger lange haltbar und muss deshalb im Kühlschrank aufbewahrt werden.

VOLLKORNFLAKES MIT ORANGENSCHNITZEN

1 Orange
1 Schale Vollkornflakes (30 g)
100 ml fettarme Milch

→ Die Orange schälen und das Fruchtfleisch zwischen den Trennwänden herauslösen.
→ Vollkornflakes in eine Schale geben und mit 100 ml fettarmer Milch übergießen. Die Orangenschnitze darüber anrichten.

Für 1 Portion
Pro Portion: 6 ♦, 2 ■
⏲ 5 Minuten

Leckere Frühstücksideen

HIMBEERQUARK

200 g Himbeeren
200 g Magerquark
1 Päckchen Vanillezucker

→ Himbeeren waschen, mit dem Stabmixer pürieren und durch ein Sieb streichen.
→ Quark mit Vanillezucker in einer Schüssel cremig rühren und das Himbeerpüree gut untermischen.

Für 1 Portion
Pro Portion: **6 ♦, 1 ■**
🕐 5 Minuten

ERDBEEREN MIT PISTAZIENQUARK

150 g Erdbeeren
100 g Magerquark
1 EL Pistazienkerne, gehackt

→ Erdbeeren waschen und zerkleinern.
→ Den Quark mit den Pistazienkernen vermischen und über die Früchte geben.

Für 1 Portion
Pro Portion: **16 ♦, 0 ■**
🕐 5 Minuten

TROPISCHER FRUCHTQUARK

1/2 Mango
1 Kiwi
200 g Magerquark

→ Mango schälen, das Fruchtfleisch vom Kern lösen und in Stücke schneiden.
→ Kiwi schälen und zerkleinern. Dann die Früchte mit Magerquark vermengen.

Für 1 Portion
Pro Portion: **7 ♦, 0 ■**
🕐 5 Minuten

Tipp

Erdbeeren sind gesund und liefern jede Menge Vitamine und Mineralstoffe. Am besten schmecken sie im Sommer frisch gepflückt vom Feld. Wenn die süßen Früchte gerade keine Saison haben, können Sie auch einfach andere Früchte wie Äpfel, Bananen oder Orangen nehmen.

Leckere Frühstücksideen

RÜHREI MIT TOMATE

1 Tomate
2 Eier
2 Eiweiß
2 EL fettarme Milch
Salz, Pfeffer
1 EL Halbfettbutter
1 EL Schnittlauchröllchen

→ Tomate kurz in kochendes Wasser legen, kalt abschrecken und Haut abziehen. Tomate halbieren, entkernen, Stielansatz entfernen und Fruchtfleisch klein würfeln.
→ Eier mit Eiweiß und Milch verquirlen. Mit Salz und Pfeffer würzen.
→ Butter in einer beschichteten Pfanne erhitzen, Tomatenwürfel darin sanft anbraten, bis der ausgetretene Saft nahezu verkocht ist.
→ Eimasse darübergeben und unter gelegentlichem Rühren bei schwacher Hitze stocken lassen. Mit Schnittlauchröllchen bestreut servieren.

Für 1 Portion
Pro Portion: 22 ♦, 0 ■
10 Minuten

CHILI-RÜHREI

1/2 rote Chilischote
1 EL Oliven, ohne Kern
4 Cocktailtomaten
2 Eier
1 EL fettarme Milch
Salz
1/2 EL Halbfettbutter

→ Chilischote waschen, halbieren und entkernen. Zusammen mit den Oliven fein hacken.
→ Tomaten waschen und halbieren. Eier mit Milch und Salz verquirlen.
→ Butter in einer Pfanne erhitzen und die Tomaten darin unter Rühren bei mittlerer Hitze 2 bis 3 Minuten anbraten.
→ Eier mit Chili und Oliven mischen, zu den Tomaten geben und unter ständigem Rühren stocken lassen.

Für 1 Portion
Pro Portion: 21 ♦, 0 ■
7 Minuten

RICOTTA-OMELETT

2 Eier
Salz, Pfeffer
1 Schuss Mineralwasser
1 EL Halbfettbutter
50 g Ricotta
2 Basilikumblätter
Schale von 1/2 Bio-Zitrone

→ Eier in einer Schüssel verquirlen. Salzen, pfeffern und Mineralwasser unterrühren.
→ 1/2 EL Butter in einer Pfanne erhitzen. Eimasse hineingeben und bei schwacher Hitze langsam stocken lassen.
→ Ricotta zerkleinern, Basilikum in Streifen schneiden und beides mit Pfeffer und Zitronenschale gleichmäßig auf dem Omelett verteilen.
→ Omelett mit dem Pfannenwender vorsichtig zur Hälfte zusammenklappen.
→ Restliche Butter in die Pfanne geben, Omelett vorsichtig wenden und fertig backen.

Für 1 Portion
Pro Portion: 25 ♦, 0 ■
30 Minuten

Ruck zuck gemixt: Fruchtige Shakes

PAPAYA-SHAKE

1/2 Papaya
1 Scheibe frische Ananas ohne Schale
1 TL Limettensaft
200 ml Buttermilch

→ Papaya halbieren und entkernen. Fruchtfleisch aus der Schale lösen und grob würfeln.
→ Ananas schälen und das Fruchtfleisch klein schneiden.
→ Mit den restlichen Zutaten in den Mixer geben und pürieren.

Für 1 Portion
Pro Portion: **1 ♦, 0 ■**
⏱ 5 Minuten

ERDBEER-LIMONADE

125 g Erdbeeren
100 ml Ananassaft
1 TL Honig
1 TL Zitronensaft
50 ml Mineralwasser
1 Zitronenscheibe zum Dekorieren

→ Die Erdbeeren waschen und zerkleinern. Zusammen mit Ananassaft, Honig und Zitronensaft pürieren.
→ In Gläser füllen und mit Mineralwasser aufgießen. Mit Zitronenscheibe dekorieren.

Für 1 Portion
Pro Portion: **0 ♦, 2 ■**
⏱ 5 Minuten

BIRNEN-GRAPE-FRUIT-DRINK

1 Birne
1 TL Limettensaft
1/2 cm Ingwerwurzel
1 TL Ahornsirup
100 ml Grapefruitsaft

→ Birne waschen, schälen, entkernen und klein schneiden. Mit Limettensaft verrühren.
→ Ingwer schälen und fein hacken. Mit dem Ahornsirup unter die Birnen rühren.
→ Mit gekühltem Grapefruitsaft vermischen.

Für 1 Portion
Pro Portion: **0 ♦, 2 ■**
⏱ 5 Minuten

Tipp

Handelsübliche Limonade ist als Durstlöscher nicht geeignet, weil sie viele künstliche Aromen und vor allem Zucker enthält. Es lohnt sich also (zwischendurch) selbst eine erfrischende Limonade zuzubereiten.

Fruchtige Shakes

APFEL-KIWI-DRINK (Foto)

2 Kiwis
200 ml naturtrüber Apfelsaft

→ Die Kiwis schälen und in Scheiben schneiden.
→ Mit naturtrübem Apfelsaft aufgießen und das Ganze mit dem Pürierstab verquirlen.

Für 1 Portion
Pro Portion: 0 ♦, 4 ■
⏱ 5 Minuten

MÖHREN-ORANGEN-SHAKE (Foto)

2 Orangen
100 ml Möhrensaft

→ Orangen halbieren und auspressen. Den Saft mit dem Möhrensaft gut vermischen.

Für 1 Portion
Pro Portion: 0 ♦, 1 ■
⏱ 5 Minuten

KIWI-MELONEN-DRINK

1 Kiwi
1/2 Honigmelone
Mineralwasser

→ Kiwi schälen und in grobe Stücke schneiden.
→ Das Fruchtfleisch der Melone herauslösen, entkernen und ebenfalls in grobe Stücke schneiden.
→ Kiwi- und Melonenstücke im Mixer pürieren.
→ In ein Glas geben und mit gekühltem Mineralwasser auffüllen.

Für 1 Portion
Pro Portion: 0 ♦, 0 ■
⏱ 5 Minuten

Tipp

Fruchtshakes sind prima für alle, die sich schwertun, auf ihre gesunden 5 Portionen Obst und Gemüse pro Tag zu kommen. Einfach Früchte in den Mixer und fertig. Unterwegs sind Fruchtsmoothies (ohne Zuckerzusatz!) aus dem Kühlregal eine leckere Alternative.

KIWI-BUTTERMILCH-MIX

2 Kiwis
200 ml Buttermilch

→ Kiwis schälen und grob zerschneiden. Das Fruchtfleisch im Mixer fein pürieren.
→ Die Buttermilch dazugeben und noch einmal kurz durchmischen. Gleich trinken.

Für 1 Portion
Pro Portion: 1 ♦, 0 ■
⏱ 5 Minuten

PFIRSICH-HIMBEER-MIX

1 Pfirsich
100 g Himbeeren
200 ml Buttermilch
50 ml Ananassaft

→ Pfirsich waschen, halbieren, entkernen und in grobe Stücke schneiden.
→ Pfirsichstücke zusammen mit den Himbeeren pürieren und mit Buttermilch verquirlen.
→ Ananassaft dazugeben und nochmals umrühren.

Für 1 Portion
Pro Portion: 1 ♦, 1 ■
⏱ 5 Minuten

Fruchtige Shakes

BANANEN-MANGO-MIX

1 Banane
1/2 Mango
Saft von 2 Orangen

→ Banane und Mango schälen und in Scheiben schneiden.
→ Zusammen mit dem frisch gepressten Orangensaft in den Mixer geben und gut vermischen.

Für 1 Portion
Pro Portion: 0 ♦, 0 ■
⏱ 5 Minuten

A-C-E-DRINK

2 Orangen
100 ml Möhrensaft
100 ml naturtrüber Apfelsaft

→ Die Orangen auspressen. Den Saft mit Möhren- und Apfelsaft gut vermischen.

Für 1 Portion
Pro Portion: 0 ♦, 3 ■
⏱ 5 Minuten

BANANEN-ERDBEER-SHAKE

1 Banane
150 g Erdbeeren
200 ml fettarme Milch

→ Die Banane schälen und in Scheiben schneiden. Die Erdbeeren waschen.
→ Obst mit der Milch in den Mixer geben und kräftig vermischen.

Für 1 Portion
Pro Portion: 3 ♦, 0 ■
⏱ 5 Minuten

Tipp

Wenn Sie Fettpunkte sparen möchten, können Sie beim Fitness-Shake die Milch auch durch Mineralwasser ersetzen.

JOGGER-FRÜHSTÜCK

100 g Erdbeeren
200 ml Buttermilch
Schale von 1 Bio-Zitrone

→ Erdbeeren waschen und mit der Buttermilch im Mixer pürieren. Die abgeriebene Zitronenschale unterrühren.

Für 1 Portion
Pro Portion: 1 ♦, 0 ■
⏱ 5 Minuten

FITNESS-SHAKE

2–3 frische Aprikosen
100 ml Möhrensaft
200 ml fettarme Milch

→ Aprikosen waschen, entkernen und klein schneiden.
→ Zusammen mit dem Möhrensaft im Mixer fein pürieren.
→ Milch hinzufügen und alles noch einmal kurz durchmixen.

Für 1 Portion
Pro Portion: 3 ♦, 0 ■
⏱ 5 Minuten

Fruchtige Shakes

PIÑA-COLADA-SHAKE

200 ml Ananassaft
100 ml Kokosmilch
1 EL Kokosflocken

→ Ananassaft, Kokosmilch und Kokosflocken in einen Mixer geben und kräftig durchmixen.

Für 1 Portion
Pro Portion: **7** ◆, **0** ■
⏱ 5 Minuten

HEIDELBEER-MOLKE

100 g Heidelbeeren
100 ml Molke

→ Die Beeren pürieren und mit der Molke gut vermischen. Gut gekühlt genießen.

Für 1 Portion
Pro Portion: **1** ◆, **0** ■
⏱ 5 Minuten

MANGO-LASSI

1 kleine Mango
150 g fettarmer Joghurt
50 ml fettarmer Kefir
1 EL Zitronensaft
50–100 ml Mineralwasser

→ Die Mango schälen, entkernen und klein schneiden.
→ In den Mixer geben und mit Joghurt, Kefir und Zitronensaft pürieren.
→ In ein Glas gießen und nach Belieben mit Mineralwasser auffüllen.

Für 1 Portion
Pro Portion: **4** ◆, **0** ■
⏱ 5 Minuten

Tipp

Wenn die Saison bestimmte Produkte gerade nicht hergibt, können Sie auch auf TK-Kost zurückgreifen. Sie müssen dann lediglich die Auftauzeit zusätzlich einplanen. Gut zu wissen: Tiefkühlobst und -gemüse liefern oft mehr Vitamine als falsch oder zu lange gelagerte Supermarktware.

KARIBIK-SMOOTHIE

125 ml Orangensaft
125 ml ungesüßte Fruchtmolke
125 g Erdbeeren
3 EL ungesüßte Kokosmilch

→ Orangensaft mit Fruchtmolke mischen.
→ Erdbeeren waschen und pürieren. Zur Fruchtmolke geben und Kokosmilch unterrühren.

Für 1 Portion
Pro Portion: **1** ◆, **0** ■
⏱ 5 Minuten

ERDBEER-SMOOTHIE

100 g Erdbeeren
Saft von 1/2 Zitrone
150 ml Buttermilch
frische Minze
2 Eiswürfel

→ Erdbeeren waschen und mit Zitronensaft, Buttermilch und Minzeblättchen im Mixer glatt pürieren.
→ Eiswürfel zugeben und eiskalt genießen.

Für 1 Portion
Pro Portion: **2** ◆, **0** ■
⏱ 5 Minuten

Fruchtige Shakes

VITAMINKICK

2 rosa Grapefruits
150 g Erdbeeren
1 TL Honig

→ Grapefruits auspressen. Erdbeeren waschen, fein zerdrücken oder pürieren. Mit dem Grapefruitsaft vermischen. Mit Honig abschmecken.

Für 1 Portion
Pro Portion: 0 ♦, 1 ■
🕐 5 Minuten

ORANGEN-BEEREN-SHAKE

100 g Himbeeren
100 g Heidelbeeren
1 Orange

→ Himbeeren und Heidelbeeren waschen. Die Orange auspressen. Die Früchte mit dem Orangensaft im Mixer pürieren.

Für 1 Portion
Pro Portion: 0 ♦, 0 ■
🕐 5 Minuten

PAPRIKA-FENCHEL-MIX

1 kleine rote Paprika
1 kleine Fenchelknolle
1 Apfel
1 EL Spirulina-Algen (Reformhaus)
50 ml Apfelsaft

→ Paprika, Fenchel und Apfel waschen, ggf. entkernen, klein schneiden und im Mixer pürieren.
→ Mit Spirulina verrühren, Apfelsaft dazugeben und verquirlen.

Für 1 Portion
Pro Portion: 1 ♦, 1 ■
🕐 5 Minuten

TOMATEN-ORANGEN-SHAKE

2 Orangen
100 ml Tomatensaft
Salz, Pfeffer

→ Die Orangen auspressen. Den Orangensaft mit dem Tomatensaft mischen. Mit Salz und Pfeffer abschmecken.

Für 1 Portion
Pro Portion: 0 ♦, 0 ■
🕐 5 Minuten

BASILIKUM-LASSI

1/2 Bund Basilikum
150 g fettarmer Joghurt
50 ml Kefir (1,5 % Fett)
1 EL Zitronensaft
Salz, Pfeffer
100 ml Mineralwasser

→ Basilikum waschen und abtrocknen. Mit Joghurt, Kefir und Zitronensaft im Mixer glatt pürieren.
→ Mit Salz und Pfeffer würzen. In ein Glas gießen und mit Mineralwasser auffüllen. Sofort genießen.

Für 1 Portion
Pro Portion: 4 ♦, 0 ■
🕐 5 Minuten

Tipp

Lassi ist der klassische Durstlöscher aus Indien: Joghurt vermischt mit Mineralwasser, dazu Basilikum, Minze, pürierte Gurke oder Tomate geben ein tolles Aroma und liefern zusätzliche Vitalstoffe.

Happy Food: Süßes für die Seele

NEKTARINEN-GRATIN MIT PINIENKERNEN

2 Vanilleschoten
4 Eigelb
4 EL brauner Zucker
Fett für die Förmchen
4 Nektarinen
4 EL Pinienkerne
8 Blättchen Minze

→ Vanilleschoten längs halbieren und Mark herauskratzen. Das Vanillemark in einer Schüssel mit Eigelb und Zucker verrühren. Über dem heißen Wasserbad erhitzen und weiterrühren, bis die Masse hell und cremig ist. Abkühlen lassen, dabei ab und zu umrühren.
→ Nektarinen waschen, in Spalten schneiden und auf 4 eingefettete Gratin-Förmchen verteilen.
→ Gratin-Masse über die Früchte gießen und mit Pinienkernen bestreuen.
→ Unter dem Backofengrill 5 bis 8 Min. goldbraun gratinieren. Mit Minze garnieren und warm servieren.

Für 4 Portionen
Pro Portion: 17 ♦, 4 ■
15 Minuten

MILCHREIS MIT RHABARBER

500 g Rhabarber
1 EL Halbfettbutter
300 g Vollkorn-Milchreis
800 ml fettarme Milch
1 Prise Salz
4 EL brauner Zucker
100 g Sahne
200 g Erdbeeren
1 EL Zitronensaft

→ Rhabarber schälen und in Stücke schneiden.
→ Butter im Topf erhitzen, Milchreis darin unter Rühren glasig dünsten.
→ Milch und Salz dazugeben. Aufkochen lassen, bei schwacher Hitze weiterköcheln lassen, ab und zu umrühren.
→ Nach 15 Min. Rhabarber und Zucker hinzugeben und 5 Min. weitergaren. Danach 5 Min. ziehen lassen.
→ Sahne steif schlagen und unter den Milchreis ziehen. In Schälchen füllen und 1 bis 2 Std. kühl stellen.
→ Erdbeeren waschen und mit Zitronensaft im Mixer pürieren. Zum Milchreis servieren.

Für 4 Portionen
Pro Portion: 14 ♦, 4 ■
1 1/2 Stunden

FRÜCHTEGRATIN

2 Pfirsiche
100 g Erdbeeren
150 g Joghurt
2 Eier
2 TL brauner Zucker
1/2 TL Schale von
1 Bio-Zitrone
1/4 TL Zimtpulver
20 g Mandelstifte

→ Backofen auf 200 Grad vorheizen.
→ Pfirsiche kurz in kochendes Wasser legen, kalt abschrecken und die Haut abziehen. Pfirsiche halbieren, entkernen und in kleine Schnitze schneiden.
→ Erdbeeren waschen und halbieren. Abwechselnd mit den Pfirsichen in eine Auflaufform schichten.
→ Mit dem Rührbesen Joghurt, Eier, Zucker, abgeriebene Zitronenschale und Zimt glatt rühren. Über die Früchte geben, mit Mandelstiften bestreuen und im Backofen auf mittlerer Schiene 20 Min. backen.

Für 2 Portionen
Pro Portion: 14 ♦, 1 ■
30 Minuten

Süßes für die Seele

SCHOKOMUFFINS
(Foto)

3 EL Butter
60 g Zartbitterschokolade
200 g Vollkornmehl
100 g brauner Zucker
1 Päckchen Vanillezucker
2 EL Kakaopulver
2 TL Backpulver
1/2 TL Natron, 1 Prise Salz
2 Eier, 150 ml Milch
150 g dunkle Schokokuvertüre

→ Backofen auf 180 Grad vorheizen. Butter im Topf zerlassen.
→ Schokolade klein hacken. Mehl, Zucker, Vanillezucker, Kakao, Backpulver, Natron und Salz in einer Schüssel vermischen.
→ In einer zweiten Schüssel Eier, Milch und Butter verrühren, zur Mehlmischung geben und gut vermischen. Schokolade unterheben.
→ Teig in eine gefettete Muffinform füllen und im Ofen auf mittlerer Schiene 20 Min. backen.
→ Kuvertüre schmelzen und über die Muffins träufeln.

Für 12 Stück
Pro Stück: 13 ♦, 3 ■
🥄 30 Minuten

MÖHRENKUCHEN

3 Eier
150 g Fruktose (Fruchtzucker)
125 ml Rapsöl
90 g Dinkelvollkornmehl
45 g Sojamehl
30 g Mandeln, gemahlen
2 TL Backpulver, 1/2 TL Zimt
1/2 TL Ingwer, gerieben
1/4 TL Salz
400 g Möhren, geraspelt
60 g Walnüsse, gehackt

Für die Glasur:
200 g Frischkäse light
2 EL Fruktose
1 EL Zitronensaft
1/2 TL Vanillezucker

→ Ofen auf 180 Grad vorheizen. Eier und Fruktose mit dem Rührbesen verrühren. Öl, Dinkel- und Sojamehl, Mandeln, Backpulver, Gewürze und Salz dazugeben. Möhren und Walnüsse unterheben.
→ Teig in eine gefettete Springform füllen, 40 bis 50 Min. backen.
→ Zutaten für die Glasur verrühren, abgekühlten Kuchen damit überziehen, 1 Std. kalt stellen.

Für 12 Stück
Pro Stück: 18 ♦, 4 ■
🥄 1 Stunde

ERDBEERMUFFINS

230 g Erdbeeren
250 g Vollkornmehl
2 1/2 TL Backpulver
1/2 TL Natron
100 g brauner Zucker
80 ml Pflanzenöl
120 g Sahne
150 g Buttermilch
1 Ei
1 EL Sahne
2 EL brauner Zucker
70 g Frischkäse

→ Backofen auf 180 Grad vorheizen. Erdbeeren waschen und klein schneiden. 150 g Erdbeeren mit Mehl, Backpulver und Natron vermengen.
→ Zucker, Öl, Sahne, Buttermilch und Ei verquirlen. Die Mehlmischung zur Eimasse geben und gut vermischen.
→ Restliche Erdbeeren mit Sahne, Zucker und Frischkäse verrühren.
→ Hälfte des Teigs in gefettete Muffinförmchen geben, darauf die Füllung und den restlichen Teig verteilen. Im Ofen auf mittlerer Schiene ca. 20 Min. backen.

Für 12 Stück
Pro Stück: 13 ♦, 3 ■
🥄 30 Minuten

Süßes für die Seele

KIWI-PASSIONS-FRUCHT-SALAT

2 Zweige frische Minze
2 Kiwis
Saft von 1/2 Zitrone
2 Passionsfrüchte
8 Walnusskerne

→ Minze waschen und abtrocknen. Kiwis schälen, in Scheiben schneiden und mit Zitronensaft beträufeln.
→ Passionsfrüchte halbieren und das Fruchtfleisch herauslösen.
→ Abwechselnd Passionsfrüchte und Kiwischeiben in Gläser füllen. Mit Walnüssen und Minzezweigen garnieren.

Für 2 Portionen
Pro Portion: 7 ♦, 0 ■
⏱ 5 Minuten

Tipp

Verwenden Sie statt weißem Zucker immer braunen Zucker oder Fruktose (aus dem Reformhaus), dafür müssen Sie sich keine bzw. weniger Zuckerteufel anrechnen.

MANGO-PAPAYA-SALAT

2 Mangos
1 Papaya
1/2 Wassermelone
2 Zweige frische Minze
1 EL brauner Zucker
2 cm Ingwerwurzel, geschält
Saft von 1 Orange

→ Mangos und Papaya schälen, vom Kern lösen bzw. Kerne entfernen und das Fruchtfleisch in Spalten schneiden. Melone schälen, entkernen und ebenfalls in Spalten schneiden.
→ Minze, Zucker und Ingwer mit dem Mixer glatt pürieren und Orangensaft hinzufügen. Über das Obst geben und servieren.

Für 4 Portionen
Pro Portion: 1 ♦, 1 ■
⏱ 10 Minuten

FRUCHTSALAT MIT VANILLE-SIRUP

2 kleine Zuckermelonen
1 Baby-Ananas
1 Orange
100 g Erdbeeren
100 g Physalis
2 Vanilleschoten
60 g Zucker, 1 Prise Salz
2 EL Zitronensaft

→ Aus den Melonen kleine Kugeln ausstechen.
→ Ananas längs halbieren, Fruchtfleisch auslösen und in Stücke schneiden.
→ Orange schälen und in kleine Stücke schneiden; austretenden Saft auffangen. Erdbeeren und Physalis waschen und in kleine Scheiben schneiden.
→ Das Obst in eine Schüssel geben und mit Orangensaft beträufeln.
→ Vanillemark aus den Schoten kratzen und mit 175 ml Wasser, Zucker, Salz und Zitronensaft aufkochen. Bei starker Hitze 5 Min. einkochen. Warm über die Früchte gießen. Fruchtsalat 1 Std. kühl stellen.

Für 4 Portionen
Pro Portion: 1 ♦, 3 ■
🍸 25 Minuten

Süßes für die Seele

KIWI-ANANAS-SALAT MIT MANDELQUARK

4 Kiwis
1 kleine Ananas
200 g Trauben
6 EL Limettensaft
250 g Magerquark
4 EL Ahornsirup
4 EL Mandeln, gehackt

→ Kiwis schälen und in kleine Würfel schneiden. Ananas längs vierteln, das Fruchtfleisch aus der Schale lösen und klein würfeln. Trauben waschen und halbieren.
→ Früchte in einer Schüssel mit 4 EL Limettensaft vermischen.
→ Den restlichen Limettensaft mit Quark und Ahornsirup verrühren.
→ Mandeln in einer beschichteten Pfanne rösten und unter den Quark rühren. Mit Fruchtsalat garnieren.

Für 4 Portionen
Pro Portion: **8 ♦, 3 ■**
🍳 12 Minuten

INGWER-FRÜCHTE-JOGHURT

750 g Honigmelone
250 g Erdbeeren (oder andere Früchte)
1 cm Ingwerwurzel
300 g fettarmer Joghurt
4 EL Honig
1 Zweig frische Minze

→ Melone schälen, entkernen und in kleine Stücke schneiden. Erdbeeren waschen und halbieren.
→ Ingwer schälen und fein reiben, mit Joghurt und 3 EL Honig mischen.
→ Die Joghurtmischung über die Früchte geben. Mit restlichem Honig und Minze garnieren.

Für 4 Portionen
Pro Portion: **1 ♦, 3 ■**
🍳 7 Minuten

HEIDELBEER-QUARK

500 g Magerquark
150 ml fettarme Milch
4 EL Zucker
2 EL Limettensaft
200 g Heidelbeeren
2 Eiweiß

→ Quark, Milch, Zucker und Limettensaft in eine Schüssel geben und mit dem Schneebesen glatt rühren.
→ Die Beeren waschen, in einen hohen Rührbecher füllen, mit dem Stabmixer pürieren und unter den Quark rühren.
→ Eiweiß zu Schnee schlagen und unterheben. 20 Min. kühl stellen.

Für 4 Portionen
Pro Portion: **0 ♦, 4 ■**
🍳 10 Minuten

Tipp

Zu einem frischen Fruchtsalat schmecken Joghurt oder Quark besonders lecker.
Joghurt (3,5% Fett), 150 g: 5 ♦, 0 ■; Joghurt (1,5% Fett), 150 g: 2 ♦, 0 ■; Fruchtjoghurt, 150 g: 5 ♦, 2 ■; Sahnejoghurt, 150 g: 15 ♦, 0 ■; Magerquark, 100 g: 2 ♦, 0 ■; Quark (40% Fett), 100 g: 11 ♦, 0 ■; Mascarpone, 50 g: ♦, 0 ■; Ricotta, 30 g: 5 ♦, 0 ■

Süßes für die Seele

BIRNENKOMPOTT MIT HIMBEEREN

5 Birnen
4 EL brauner Zucker
1 Päckchen Vanillezucker
250 g Himbeeren

→ Die Birnen vierteln, schälen und entkernen.
→ Den Zucker mit 4 EL Wasser in einem Topf aufkochen und karamellisieren lassen. Mit 100 ml Wasser ablöschen.
→ Die Birnenstücke dazugeben und Vanillezucker darüberstreuen. Die Birnen bei mittlerer Hitze etwa 7 Min. zu Kompott kochen. Abkühlen lassen.
→ Himbeeren waschen und zu den noch lauwarmen Birnen geben.

Für 4 Portionen
Pro Portion: 0 ♦, 4 ■
20 Minuten

RHABARBER-ERDBEER-KOMPOTT

250 g Erdbeeren
500 g Rhabarber
1 Vanilleschote
125 ml Trauben- oder Johannisbeersaft
4 EL Honig
1 Zimtstange
1 Nelke
3 Sternanis
1/2 TL Schale von 1 Bio-Zitrone

→ Erdbeeren waschen und klein schneiden. Rhabarber schälen und in Stücke schneiden. Vanilleschote längs aufschlitzen.
→ Saft mit Honig, Zimt, Nelke, Sternanis, Vanilleschote und abgeriebene Zitronenschale in einem Topf aufkochen.
→ Rhabarber zugeben und einmal aufkochen lassen.
→ Das Kompott vom Herd nehmen, Gewürze entfernen, Erdbeeren vorsichtig untermengen. Kurz abkühlen lassen.

Für 4 Portionen
Pro Portion: 0 ♦, 4 ■
10 Minuten

INGWER-CHILI-KOMPOTT

8 Äpfel
2 EL Zucker
1 Chilischote
5 Scheiben frischer Ingwer
600 ml Apfelsaft

→ 6 Äpfel mit Kerngehäuse und Schale grob zerkleinern.
→ Den Zucker in einem kleinen Topf bei mittlerer Temperatur hellbraun karamellisieren lassen. Äpfel, Chili und Ingwerscheiben dazugeben. Umrühren und mit Apfelsaft ablöschen.
→ Das Ganze so lange bei niedriger Temperatur köcheln lassen, bis fast keine Flüssigkeit mehr vorhanden ist. Etwas abkühlen lassen und durch ein Sieb streichen.
→ Die restlichen Äpfel schälen, entkernen, in kleine Würfel schneiden und unter die noch lauwarme Masse geben. Das Kompott in 4 Schälchen füllen.

Für 4 Portionen
Pro Portion: 2 ♦, 5 ■
20 Minuten

Süßes für die Seele

ERDBEER-JOGHURT-EIS

400 g Erdbeeren
200 g fettarmer Joghurt
1 Päckchen Vanillezucker
1 TL Honig
200 g Sahne

→ Erdbeeren waschen und klein schneiden. Mit Joghurt, Vanillezucker und Honig in einen hohen Rührbecher geben und mit dem Stabmixer pürieren.
→ Sahne steif schlagen und mit dem Schneebesen unter die Joghurtmasse heben.
→ In Eisförmchen mit Stiel füllen und im Tiefkühlfach mindestens 4 Std. gefrieren lassen.

Für 8 Stück
Pro Stück: **8 ♦, 0 ■**
🍲 10 Minuten

HAUCHDÜNNE APFELCHIPS

500 g rote Äpfel
4 EL Zitronensaft
etwas Puderzucker

→ Die Äpfel waschen und auf einem Gemüsehobel in hauchdünne Scheiben schneiden.
→ 1 Liter Wasser mit Zitronensaft mischen, die Apfelscheiben hineinlegen, damit sie nicht braun werden. Kurz auf einem Geschirrtuch abtropfen lassen, dann auf einem mit Backpapier ausgelegtem Blech verteilen und mit Puderzucker bestäuben.
→ In den auf 60 Grad vorgeheizten Backofen schieben und bei leicht geöffneter Ofentür 6 bis 8 Std. trocknen lassen. Nach der Hälfte der Zeit wenden.
→ Die Chips gleich vom Backpapier lösen und auf einem Kuchengitter abkühlen lassen.

Für 4 Portionen
Pro Portion: **1 ♦, 0 ■**
🕗 8 Stunden

MANGO-JOGHURT-EIS

1 Mango
Saft von 1 Limette
400 g fettarmer Joghurt
2 EL Ahornsirup

→ Mango schälen und den Kern herausschneiden. Das Fruchtfleisch mit Limettensaft, Joghurt und Ahornsirup im Mixer fein pürieren.
→ In einer Edelstahlschüssel 3 Std. gefrieren lassen. Dabei alle 20 Min. mit dem Schneebesen umrühren.

Für 4 Portionen
Pro Portion: **4 ♦, 1 ■**
🍲 10 Minuten

Tipp

Falls Sie keine Eisförmchen haben, können Sie das Eis auch in kleine Joghurtbecher füllen, kleine Holzstäbchen hineinstecken und so gefrieren lassen.

Feines vorneweg: Antipasti & Co.

BRUSCHETTA MIT ZIEGENKÄSE
(Foto)

4 Frühlingszwiebeln
Salz
8 Scheiben Vollkornbaguette
1 Knoblauchzehe
3 EL Olivenöl
1/2 Bund Rucola
100 g Ziegenkäse
2 EL Balsamico-Essig
Pfeffer

→ Frühlingszwiebeln waschen, klein schneiden und in Salzwasser etwa 4 Min. blanchieren. Abgießen, kalt abschrecken und abtropfen lassen.
→ Baguettescheiben im Ofen 5 Min. goldbraun rösten. Mit geschältem Knoblauch einreiben und mit Öl beträufeln.
→ Gewaschenen und klein geschnittenen Rucola, Frühlingszwiebeln und zerbröckelten Ziegenkäse darauf verteilen. Mit Balsamico-Essig beträufeln und pfeffern.

Für 4 Portionen
Pro Portion: **10** ♦, **0** ■
⏲ 10 Minuten

GEGRILLTES GEMÜSE MIT JOGHURTDIP

2 Paprika
100 g Austernpilze
1 Zucchini
1 Bund Frühlingszwiebeln
1 Fenchelknolle
Salz, Pfeffer, Olivenöl

Für den Dip:
je 1/2 Bund Rucola, Basilikum und Schnittlauch
1/2 Bio-Zitrone
2 Knoblauchzehen
200 g fettarmer Joghurt
1 Msp. Senf

→ Paprika waschen, halbieren und entkernen. Pilze abreiben. Restliches Gemüse waschen und klein schneiden.
→ Das Gemüse salzen und pfeffern und in eine Auflaufform legen. Mit Öl beträufeln und bei 180 Grad etwa 20 Min. garen.
→ Rucola und Kräuter fein hacken, mit Zitronensaft, abgeriebener Zitronenschale, fein gehacktem Knoblauch, Joghurt und Senf verrühren. Mit Salz und Pfeffer abschmecken.

Für 4 Portionen
Pro Portion: **10** ♦, **0** ■
🕐 25 Minuten

FRISCHKÄSE-ZUCCHINI-RÖLLCHEN

4 Zucchini
2 EL Olivenöl
Salz, Pfeffer
2 Knoblauchzehen
1 Bund Schnittlauch
1 Zwiebel
1 TL eingelegter grüner Pfeffer
200 g Ziegenfrischkäse

→ Zucchini waschen und längs in dünne Scheiben schneiden. Öl in einer Pfanne erhitzen und die Zucchini portionsweise von beiden Seiten leicht anbraten. Salzen, pfeffern und Knoblauch darüberpressen. Zucchini auf Küchenpapier abkühlen lassen.
→ Schnittlauch und Zwiebel fein hacken und mit Pfefferkörnern vermengen. Die Hälfte davon mit dem Käse verrühren. Aus der Masse 20 Bällchen formen und in der restlichen Schnittlauch-Zwiebel-Mischung wälzen. Mit je 1 Zucchinischeibe umwickeln und mit Zahnstochern feststecken.

Für 4 Portionen
Pro Portion: **12** ♦, **0** ■
🕐 20 Minuten

Antipasti & Co.

MINI-PAPRIKA-PIZZEN

1/2 Hefewürfel
1 Prise Zucker
400 g Vollkornmehl
7 EL Olivenöl
1 Prise Salz
800 g Paprikaschoten
2 EL Basilikum, gehackt
3 Knoblauchzehen, gehackt
Pfeffer

→ Hefe mit Zucker in 1/8 l lauwarmem Wasser auflösen. Mit Mehl, Öl und Salz zu einem Teig kneten. 45 Min. gehen lassen.
→ Paprika halbieren, entkernen, auf einem geölten Backblech im Ofen bei 250 Grad 20 Min. garen.
→ Abkühlen lassen, häuten, in Streifen schneiden und mit Basilikum und Knoblauch vermengen, salzen und pfeffern.
→ Teig zu einer Rolle formen und in 16 Teile schneiden. Kreise ausrollen, auf ein gefettetes Backblech legen, mit der Paprikamischung bestreichen und mit Öl beträufeln. Bei 200 Grad 25 Min. backen.

Für 16 Stück
Pro Stück: 4 ♦, 2 ■
🕒 70 Minuten

FRITTATA MIT TOMATEN

500 g Tomaten
2 EL Olivenöl
Salz
5 Eier
20 g Parmesan, gerieben
2 EL Basilikum, gehackt
Pfeffer

→ Tomaten überbrühen, abschrecken, häuten, entkernen und in grobe Würfel schneiden.
→ Die Hälfte des Olivenöls in einer großen Pfanne erhitzen, Tomaten zugeben, salzen und etwa 5 Min. dünsten. Herausnehmen und beiseitestellen.
→ Eier in einer Schüssel verquirlen, Tomaten, Parmesan und Basilikum hinzufügen. Salzen, pfeffern und gut vermischen. Restliches Öl in der Pfanne erhitzen. Eier-Tomaten-Mischung zugeben und bei mittlerer Hitze stocken lassen.
→ Mit Hilfe eines großen Tellers wenden und fertig backen. Frittata in Stücke schneiden und lauwarm oder kalt servieren.

Für 4 Portionen
Pro Portion: 16 ♦, 0 ■
🕒 30 Minuten

MARINIERTE ARTISCHOCKEN

8 kleine Artischocken
Saft von 2 Zitronen
5 Knoblauchzehen
2 Zweige Petersilie
7 EL Olivenöl
Salz, Pfeffer

→ Artischocken putzen, äußere Blätter entfernen, Stiel schälen und vierteln. Sofort mit etwas Zitronensaft beträufeln.
→ 6 EL Öl in einem großen Topf erhitzen, Artischocken und Knoblauch hineingeben und mit Pfeffer bestreuen.
→ Mit 1/8 l Wasser ablöschen, Petersilie dazugeben. Zugedeckt bei mittlerer Hitze 15 Min. schmoren. Im Topf abkühlen lassen.
→ Auf 4 Teller verteilen, mit restlichem Zitronensaft beträufeln, salzen und pfeffern.

Für 4 Portionen
Pro Portion: 9 ♦, 0 ■
🍸 25 Min

Antipasti & Co.

GEFÜLLTE TOMATEN

4 Tomaten
3 Schalotten
2 Knoblauchzehen
4 Sardellenfilets
12 Oliven, ohne Kern
2 EL Olivenöl
3 EL Petersilie, gehackt
1 EL Thymian, gehackt
4 EL Semmelbrösel
4 EL Parmesan, gerieben
Salz, Pfeffer

→ Tomaten waschen, Deckel abschneiden. Fruchtfleisch auslösen und fein hacken. Schalotten und Knoblauch abziehen und fein hacken. Sardellen und Oliven klein würfeln.
→ Schalotten und Knoblauch in 1 EL Öl glasig dünsten. Petersilie, Sardellen und Tomatenfleisch dazugeben. Unter Rühren köcheln, bis die Flüssigkeit verdampft ist. Oliven, Thymian, Semmelbrösel und Parmesan untermischen, würzen.
→ Tomaten mit der Mischung füllen, mit Öl beträufeln, in einer Auflaufform im Ofen bei 200 Grad 20 Min. backen.

Für 4 Portionen
Pro Portion: **13** ♦, **2** ■
20 35 Minuten

HÄHNCHEN MIT SERRANO-SCHINKEN

500 g Hähnchenbrustfilet
3 EL Olivenöl
100 g Serrano-Schinken
Salz, Pfeffer
Kreuzkümmel
1 Zweig Thymian
150 ml trockener Weißwein

→ Hähnchenbrustfilet waschen, trocken tupfen und in kleine Stücke schneiden. Im heißen Öl 2 bis 3 Min. anbraten.
→ Schinken in Streifen schneiden und zugeben. Mit Salz, Pfeffer und Kreuzkümmel würzen. Thymianblättchen dazugeben.
→ Mit Weißwein ablöschen und zugedeckt etwa 10 Minuten köcheln lassen. Mit Weißbrot servieren.

Für 4 Portionen
Pro Portion: **18** ♦, **0** ■
20 Minuten

GARNELEN-ZUCCHINI-SPIESS

8 Riesengarnelen, geschält
2 Knoblauchzehen
1 rote Zwiebel
1 Zucchini
4 Artischocken
2 EL Zitronensaft
4 EL Olivenöl
Salz, Pfeffer
2 EL Petersilie, gehackt

→ Garnelen waschen und trocken tupfen. Knoblauch und Zwiebel abziehen und vierteln. Zucchini waschen und in Scheiben schneiden. Alle Zutaten abwechselnd auf 4 Holzspieße stecken.
→ Von den Artischocken die Stiele abbrechen, die Blätter abzupfen und das Heu entfernen. Die Artischockenböden in dünne Scheiben schneiden und mit 1 EL Zitronensaft beträufeln.
→ Öl erhitzen, Garnelenspieße und Artischocken 5 Min. darin anbraten. Salzen, pfeffern und mit Petersilie und restlichem Zitronensaft beträufeln.

Für 4 Portionen
Pro Portion: **12** ♦, **0** ■
12 Minuten

Brotzeit: Sandwiches & raffinierte Brotaufstriche

AVOCADO-TOFU-AUFSTRICH

1 Avocado
3 Frühlingszwiebeln
1/2 Bund Basilikum
150 g weicher Tofu
Saft von 1 Limette
Salz, Pfeffer

→ Avocado halbieren, entkernen und klein würfeln. Frühlingszwiebeln waschen und in feine Ringe schneiden. Basilikumblätter waschen und in Streifen schneiden.
→ Alles mit Tofu und Limettensaft im Mixer fein pürieren. Mit Salz und Pfeffer abschmecken und mit Zwiebelringen garnieren.

Für ca. 4 Portionen
Pro Portion: **4 ♦, 0 ■**
🍳 10 Minuten

Tipp

Die Brotaufstriche sind im Kühlschrank mindestens drei Tage haltbar.

SCHARFER TOMATEN-AUFSTRICH

100 g getrocknete Tomaten, in Öl eingelegt
3 Frühlingszwiebeln
100 g Tomaten
1/2 Bund Basilikum
1 EL Ricotta
je 2 EL Balsamico-Essig und Gemüsebrühe
Salz
Chilipulver

→ Die eingelegten Tomaten auf Küchenpapier abtropfen lassen. Frühlingszwiebeln waschen und grob hacken.
→ Tomaten waschen, vierteln, Stielansatz und Kerne entfernen. Basilikum waschen, Blätter von den Stielen zupfen und in feine Streifen schneiden.
→ Alles mit Ricotta, Essig und Brühe im Mixer fein pürieren. Mit Salz und Chilipulver abschmecken.

Für ca. 4 Portionen
Pro Portion: **1 ♦, 0 ■**
🍳 15 Minuten

KRETA-AUFSTRICH

1 kleine Gartengurke
1/2 rote Paprika
1 kleine Tomate
2 Frühlingszwiebeln
1 Knoblauchzehe
150 g Fetakäse
8 grüne Oliven
1 EL fettarmer Joghurt
2 EL Essig
1/2 TL Oregano
Salz, Pfeffer

→ Gurke waschen, längs halbieren, Kerne mit einem Löffel herausschaben und das Fruchtfleisch in Stücke schneiden.
→ Paprika waschen, entkernen und grob würfeln. Tomate waschen, vierteln, Kerne und Stielansatz entfernen.
→ Frühlingszwiebeln waschen und grob hacken. Knoblauch abziehen.
→ Das vorbereitete Gemüse, gewürfelten Feta, Oliven, Joghurt und Essig im Mixer fein pürieren. Mit Oregano, Salz und Pfeffer abschmecken.

Für ca. 4 Portionen
Pro Portion: **2 ♦, 0 ■**
🍳 15 Minuten

Sandwiches & raffinierte Brotaufstriche

CAMEMBERT-CREME

25 g reifer Camembert, Halbfettstufe
50 g Magerquark
1 EL Mineralwasser
1 Msp. Paprika, edelsüß
Salz, Pfeffer
1/2 Bund Schnittlauch
1 Frühlingszwiebel
1/2 rote Paprika

→ Camembert und Quark mit dem Pürierstab zu einer cremigen Masse verrühren. Nach und nach Mineralwasser zugeben, sodass die Masse cremig, aber nicht flüssig wird. Mit Paprikapulver, Salz und Pfeffer abschmecken.
→ Schnittlauch und Frühlingszwiebel waschen und in Ringe schneiden. Paprika waschen, entkernen und klein würfeln.
→ Käsecreme mit Schnittlauch, Zwiebel und Paprika garnieren.

Für ca. 4 Portionen
Pro Portion: **1** ♦, **0** ■
🕒 10 Minuten

PISTAZIENCREME

1 cm Ingwerwurzel
1 Knoblauchzehe
8 Blättchen frisches Basilikum
250 g Ricotta
100 g Pistazien, gehackt
Saft von 1 Limette
Je 1/4 TL gemahlener Koriander und Kreuzkümmel
Salz
Sambal Oelek

→ Ingwer und Knoblauch schälen, Basilikumblättchen waschen.
→ Alles mit Ricotta, Pistazien und Limettensaft im Mixer fein pürieren. Die Creme nach Belieben mit Koriander, Kreuzkümmel, Salz und Sambal Oelek abschmecken.

Für ca. 4 Portionen
Pro Portion: **5** ♦, **0** ■
🕒 15 Minuten

GUACAMOLE

1 Avocado
1 große Tomate
1 Zwiebel
2 EL Limettensaft, frisch gepresst
2 EL Koriander, gehackt
1/2 TL Chilisauce
Salz, Pfeffer

→ Avocado halbieren, Kern entfernen, Fruchtfleisch auslösen. Tomate waschen, halbieren, Stielansatz und Kerne entfernen, Fruchtfleisch würfeln. Zwiebel abziehen und fein hacken.
→ Alle Zutaten in einer Schüssel vermengen. Limettensaft, Koriander und Chilisauce zugeben und gut vermischen.
→ Mit Salz und Pfeffer abschmecken und bis zum Servieren kühl stellen. Zum Dippen für Tortillachips oder Rohkost-Sticks.

Für 2 Portionen
Pro Portion: **24** ♦, **0** ■
🕒 10 Minuten

Sandwiches & raffinierte Brotaufstriche

VEGGIE-SAND-WICH (Foto)

1/2 Mango
1/2 rote Paprikaschote
30 g Rucola
30 g Tofu
1 EL fettarmer Frischkäse
1 Spritzer Tabasco
Salz
Pfeffer
2 Scheiben Vollkorntoast

→ Mango schälen, entkernen, in feine Spalten schneiden. Paprika waschen, entkernen, würfeln. Rucola waschen, grob hacken.
→ Tofu und Frischkäse mit einer Gabel zerdrücken und glatt rühren. Mit Tabasco, Salz und Pfeffer würzen.
→ Eine Scheibe Vollkorntoast mit der Tofucreme bestreichen. Mangospalten, Rucola und Paprikastreifen daraufliegen und mit der zweiten Toastscheibe abdecken.

Für 1 Portion
Pro Portion: **8 ◆, 0 ■**
🕒 10 Minuten

FEIGEN-KÄSE-BROT

2 EL Salatcreme
2 Scheiben Vollkornbrot
2 Feigen
80 g Ziegenkäse

→ Salatcreme auf den Brotscheiben verstreichen. Feigen waschen und in Spalten schneiden. Käse in Scheiben schneiden und abwechselnd mit Feigenspalten auf den Broten verteilen.

Für 1 Portion
Pro Portion: **23 ◆, 0 ■**
🕒 5 Minuten

Tipp

So viel Fettpunkte und Zuckerteufel stecken in den verschiedenen Brotsorten:
Weißbrot (40 g): 1 ◆, 4 ■;
Vollkornbrot (45 g):
1 ◆, 0 ■;
Pumpernickel (40 g):
0 ◆, 3 ■;
Toastbrot, weiß (30 g):
1 ◆, 3 ■;
Toastbrot, Vollkorn (30 g):
1 ◆, 0 ■;
Knäckebrot (10 g):
1 ◆, 1 ■

BRÖTCHEN MIT PAPRIKA-TATAR

1/2 kleine Salatgurke
100 g eingelegte Paprika, ohne Haut (im Glas)
100 g Feta
1/2 Bund Schnittlauch
1 EL fettarmer Joghurt
Paprikapulver
Salz
1 Vollkornbrötchen

→ Gurke schälen, Paprika abtropfen lassen. Beides mit dem Feta fein hacken.
→ Schnittlauch waschen und in Röllchen schneiden. Mit dem Joghurt unter die Paprika-Käse-Mischung rühren.
→ Tatar mit Paprika und Salz abschmecken. Brötchen halbieren und mit Tatar bestreichen.

Für 1 Portion
Pro Portion: **16 ◆, 0 ■**
🕒 5 Minuten

Sandwiches & raffinierte Brotaufstriche

EIBROT

2 Eier
1 Frühlingszwiebel
2 EL Hüttenkäse
etwas Zitronensaft
Salz, Pfeffer
1 Vollkornbrötchen

→ Eier hart kochen, etwas abkühlen lassen, pellen und klein würfeln.
→ Inzwischen die Frühlingszwiebel waschen und klein schneiden. Mit dem Hüttenkäse vermischen und mit Zitronensaft, Salz und Pfeffer abschmecken.
→ Eiwürfel unterrühren und das Brötchen damit bestreichen.

Für 1 Portion
Pro Portion: **16** ♦, **0** ■
🍴 20 Minuten

TOMATEN-MOZZARELLA-BROT

2 EL fettarmer Frischkäse
2 Scheiben Vollkornbrot
2 Tomaten
80 g Mozzarella
1 Zweig Basilikum

→ Frischkäse auf den Brotscheiben verstreichen. Tomaten waschen und in Spalten schneiden.
→ Mozzarella in Scheiben schneiden und abwechselnd mit Tomatenspalten auf den Broten verteilen. Mit Basilikum garnieren.

Für 1 Portion
Pro Portion: **20** ♦, **0** ■
🍴 5 Minuten

Tipp

»Insalata Caprese« heißt diese traditionelle Vorspeise in Italien – schnell und einfach zubereitet ist sie ideal für ein Picknick oder eine Gartenparty. Und natürlich ist dieser herrlich leichte Sommersalat auch im Restaurant eine gute Wahl.

FISCHBRÖTCHEN

1 rote Paprika
1 Frühlingszwiebel
1 eingelegtes Heringsfilet (180 g)
2 EL fettarmer Frischkäse
1 TL Zitronensaft
Salz, Pfeffer
1 Volllkornbrötchen

→ Paprika waschen, halbieren, entkernen und in Würfel schneiden. Frühlingszwiebel putzen und klein schneiden.
→ Heringsfilet abtropfen lassen und ebenfalls in Stücke schneiden.
→ Frischkäse mit Frühlingszwiebel und Zitronensaft verrühren. Mit Salz und Pfeffer abschmecken.
→ Das Brötchen halbieren. Die eine Hälfte mit Frischkäse bestreichen, auf der anderen die Heringsstückchen und Paprika verteilen. Zusammenklappen.

Für 1 Portion
Pro Portion: **26** ♦, **0** ■
🍴 6 Minuten

Sandwiches & raffinierte Brotaufstriche

HARZER KÄSE-BRÖTCHEN

3 Radieschen
1/2 rote Zwiebel
1 EL Öl
1 TL Weißweinessig
Salz
Pfeffer
100 g Harzer Käse
1 Scheibe Vollkornbrot

→ Radieschen waschen, und in dünne Scheiben schneiden. Zwiebel abziehen und fein würfeln. Beides in eine Schüssel geben und mit Öl, Essig, Salz und Pfeffer gut verrühren.
→ Käse in Scheiben schneiden, in eine Schüssel geben und mit der Marinade übergießen. Das Vollkornbrot damit belegen.

Für 1 Portion
Pro Portion: **16 ♦, 0 ■**
🥄 6 Minuten

PUTENSANDWICH

2 Salatblätter
1 kleine Tomate
1 hartgekochtes Ei
3 EL fettarmer Frischkäse
Salz, Pfeffer
3 Scheiben Vollkornbrot
100 g gegarte Putenbrust, dünn geschnitten

→ Salat waschen und in Streifen schneiden. Tomate waschen und in dünne Scheiben schneiden. Ei pellen und in Scheiben schneiden.
→ Frischkäse mit Salat vermischen, salzen und pfeffern und auf 1 Brotscheibe verteilen. Die Hälfte der Putenbrust daraufgeben und mit Tomaten- und Eierscheiben belegen. Mit Salz und Pfeffer bestreuen.
→ Die zweite Brotscheibe daraufsetzen und genauso belegen, mit der dritten Brotscheibe abdecken. Das Sandwich leicht zusammendrücken, diagonal durchschneiden und (falls nötig) mit Zahnstochern fixieren.

Für 1 Portion
Pro Portion: **19 ♦, 0 ■**
🥄 7 Minuten

THUNFISCH-SANDWICH

1/2 Dose Thunfisch, im eigenen Saft (75 g)
2 Salatblätter
1 kleine Tomate
1 kleine Stange Staudensellerie
1 EL fettarmer Frischkäse
1 TL Zitronensaft
Salz, Pfeffer
2 Scheiben Vollkornbrot

→ Thunfisch abtropfen lassen und mit der Gabel zerpflücken. Salatblätter waschen. Tomate waschen, halbieren, entkernen und in Würfel schneiden. Selleriestange gut waschen und fein würfeln.
→ Frischkäse mit Zitronensaft verrühren. Thunfisch, Tomaten- und Selleriewürfel untermengen und mit Salz und Pfeffer würzen. Brote toasten, eine Scheibe mit Salat belegen. Dann die Thunfisch-Gemüse-Mischung darauf verteilen und mit der anderen Brotscheibe abdecken. Andrücken und diagonal halbieren.

Für 1 Portion
Pro Portion: **12 ♦, 0 ■**
🥄 6 Minuten

Sandwiches & raffinierte Brotaufstriche

KRETA-SANDWICH

1 Salatgurke
1 kleine Tomate
40 g Feta
3 Oliven, ohne Kern
1 Vollkornbrötchen
1 Prise Oregano
Pfeffer

→ Gurke und Tomate waschen und in Scheiben schneiden. Käse und Oliven klein würfeln.
→ Brötchen halbieren und mit den Zutaten belegen. Mit Oregano und Pfeffer würzen und das Brötchen fest zusammendrücken.

Für 1 Portion
Pro Portion: **8** ♦, 0 ■
🍳 5 Minuten

Tipp

Wer sein gesundes Sandwich mit ins Büro nimmt, wird gar nicht erst in Versuchung geführt, mittags in der Kantine oder im Restaurant über die Stränge zu schlagen.

OMELETT-SANDWICH

1/2 Zucchini
1 Frühlingszwiebel
1 EL Olivenöl
2 Eier
Salz, Pfeffer
2 Scheiben Vollkornbrot
1 EL fettarmer Frischkäse
1 EL Schnittlauch, gehackt

→ Zucchini waschen und in dünne Scheiben schneiden. Frühlingszwiebel waschen und in Ringe schneiden. Öl in einer Pfanne erhitzen. Zucchini und Frühlingszwiebel darin 4 Min. unter Rühren andünsten.
→ Eier mit Salz und Pfeffer verquirlen. Über das Gemüse gießen und bei schwacher Hitze ca. 5 Min. stocken lassen.
→ Das Omelett auf einen Teller geben, abkühlen lassen und halbieren.
→ Brotscheiben mit Frischkäse bestreichen und mit den Omeletthälften belegen. Mit Schnittlauch bestreuen und zusammenklappen.

Für 1 Portion
Pro Portion: **30** ♦, 0 ■
🍳 20 Minuten

ROASTBEEF-SANDWICH

2 Salatblätter
2 EL Hüttenkäse
Salz, Pfeffer
2 Scheiben Vollkornbrot
1 TL Halbfettbutter
4 dünne Scheiben Roastbeef
50 g Cornichons
1 TL Meerrettich

→ Salat waschen und in Streifen schneiden. Mit dem Hüttenkäse vermischen und mit Salz und Pfeffer würzen.
→ Vollkornbrote sehr dünn mit Butter bestreichen. Salatmischung auf einer Scheibe verteilen, Roastbeef und halbierte Cornichons darauflegen.
→ Meerrettich auf dem anderen Brot verteilen, beide Brote zusammendrücken und quer halbieren.

Für 1 Portion
Pro Portion: **15** ♦, 0 ■
🍳 5 Minuten

Für Kochmuffel: Schnelle Blitzküche

PIKANTER ZIEGENFRISCHKÄSE

100 g Ziegenfrischkäse
1 TL Olivenöl
etwas Mineralwasser
Salz, Pfeffer
1 Prise Oregano
1 EL schwarze Oliven, ohne Kern
1 Scheibe Vollkornbrot
1 Tomate

→ Ziegenkäse mit Öl und Mineralwasser glatt rühren. Mit Salz, Pfeffer und Oregano würzen.
→ Oliven klein würfeln, unter die Käsecreme rühren und das Vollkornbrötchen damit bestreichen.
→ Tomate in Scheiben schneiden und dazu essen.

Für 1 Portion
Pro Portion: **28** ♦, **0** ■
🕒 5 Minuten

PAPRIKA MIT FETA

1 rote Paprika
80 g Feta
1 EL Milch
1 kleines Bund Dill
1 EL Kapern
Salz, Pfeffer

→ Paprika waschen und entkernen.
→ Feta mit der Gabel zerdrücken und die Milch unterrühren. Dill waschen und fein schneiden. Kapern abtropfen lassen und mit dem Dill unter die Käsemischung heben.
→ Mit Salz und Pfeffer abschmecken und in die Paprikahälften füllen.

Für 1 Portion
Pro Portion: **13** ♦, **0** ■
🕒 7 Minuten

Tipp

Die neuen Feta-Light-Varianten mit bis zu 50 Prozent weniger Fett sind ideal zum Abnehmen und entlasten das Fettpunkte-Konto.

FETA IN DER FOLIE

200 g Feta
2 Tomaten
2 Frühlingszwiebeln
2 EL schwarze Oliven
2 TL gemischte Kräuter
Salz, Pfeffer
2 EL Olivenöl

→ Backofen auf 220 Grad vorheizen. Zwei große Stücke Alufolie auf der Arbeitsplatte ausbreiten.
→ Feta in 2 Scheiben teilen. Tomaten waschen und in 1 cm dicke Scheiben schneiden. Frühlingszwiebeln waschen und in feine Ringe schneiden.
→ Ein paar Tomatenscheiben auf die Alufolie legen und jeweils mit einem Stück Feta bedecken. Übrige Tomaten, Zwiebelringe und Oliven sowie Kräuter darauf verteilen. Alles mit Salz und Pfeffer würzen und mit Olivenöl beträufeln.
→ Päckchen gut verschließen und im Ofen etwa 15 Min. backen.

Für 2 Portionen
Pro Portion: **35** ♦, **0** ■
🕒 20 Minuten

Schnelle Blitzküche

COUSCOUS-SALAT
(Foto)

60 g Couscous
1 Prise Salz
Je 1 grüne u. gelbe Paprika
1/2 Salatgurke
4 Tomaten
1 Zwiebel
1 Bund Petersilie
3 EL Olivenöl
Saft von 1 Zitrone
Salz, Pfeffer

→ 100 ml Wasser in einem Topf aufkochen. Couscous und Salz einrühren. Vom Herd nehmen und 5 Min. zugedeckt quellen lassen. Mit einer Gabel auflockern und offen auskühlen lassen.
→ Paprika waschen, entkernen und fein würfeln. Salatgurke und Tomate waschen und in Würfel schneiden.
→ Zwiebel abziehen und fein hacken. Petersilie waschen und fein hacken.
→ Alles in eine Schüssel geben, abgekühlten Couscous unterheben und mit Olivenöl, Zitronensaft, Salz und Pfeffer pikant würzen.

Für 2 Portionen
Pro Portion: 21 ♦, 0 ■
🖐 20 Minuten

RUCOLASALAT MIT BIRNEN

1 Bund Rucola
1/2 Bund Kerbel
2 reife Birnen
40 g Parmesan

Für das Dressing:
1 Knoblauchzehe
1/2 Bund Schnittlauch
3 EL Olivenöl
1 EL Balsamico-Essig
Saft von 1/2 Zitrone
Salz, Pfeffer

→ Rucola waschen, putzen und abtropfen lassen. Kerbel waschen und fein hacken. Beides in eine Schüssel geben.
→ Birnen waschen, entkernen und in dünne Spalten schneiden. Parmesan fein hobeln und mit den Birnen in die Schüssel geben.
→ Knoblauch abziehen und fein hacken. Schnittlauch waschen und in Röllchen schneiden. Beides mit Öl, Essig, Zitronensaft, Salz und Pfeffer verrühren. Dressing über den Salat geben.

Für 2 Portionen
Pro Portion: 23 ♦, 0 ■
🖐 10 Minuten

GAZPACHO-SALAT

je 1 rote u. grüne Paprika
1/4 Salatgurke
1 Schalotte

Für das Dressing:
2 Knoblauchzehen
70 ml Tomatensaft
1–2 EL Essig
Salz, Pfeffer
Tabasco
2 EL Olivenöl
frische Minzeblättchen

→ Paprika waschen, entkernen und in kleine Würfel schneiden. Gurke schälen, längs halbieren und würfeln. Schalotte abziehen und fein hacken. Mit Paprika und Gurke in eine Schüssel geben.
→ Knoblauch abziehen und zum Tomatensaft pressen. Mit Essig, Salz, Pfeffer und etwas Tabasco verquirlen. Olivenöl unterrühren. Minze waschen und unterheben. Salat mit dem Dressing vermischen und 15 Min. ziehen lassen.

Für 2 Portionen
Pro Portion: 12 ♦, 0 ■
🖐 20 Minuten

Schnelle Blitzküche

GEMÜSESTICKS MIT KRÄUTERDIP

100 g Kohlrabi
1 Stange Staudensellerie
1 Möhre
150 g fettarmer Joghurt
1 EL Orangensaft
1 EL Limettensaft
Salz, Pfeffer
Schnittlauchröllchen

→ Gemüse waschen und in feine Stifte schneiden.
→ Joghurt, Orangen- und Limettensaft zu einer cremigen Masse verrühren. Mit Salz und Pfeffer abschmecken.
→ Schnittlauchröllchen unterheben und in ein Schälchen füllen. Mit den Gemüsesticks anrichten.

Für 1 Portion
Pro Portion: **2 ◊, 0 ■**
10 Minuten

PROVENCE-GEMÜSE MIT PESTO

1 EL Pinienkerne
1 kleine Zucchini
1/2 Aubergine
1 kleine Fenchelknolle
1 rote oder gelbe Paprika
2 Stängel Basilikumblätter
2 EL Olivenöl
1/2 Knoblauchzehe
1 EL Parmesan, gerieben
Salz, Pfeffer

→ Die Pinienkerne in einer beschichteten Pfanne rösten, bis sie anfangen zu duften. Etwas abkühlen lassen.
→ Gemüse waschen und klein würfeln. Basilikumblätter mit Olivenöl und Knoblauch im Mixer fein pürieren. Parmesan zugeben und nochmals verrühren.
→ Mit Salz und Pfeffer abschmecken. Das Gemüse in einer Pfanne in etwas Olivenöl andünsten. Kurz vor dem Servieren mit dem Pesto gut vermischen.

Für 1 Portion
Pro Portion: **20 ◊, 0 ■**
20 Minuten

WRAPS MIT MANGOSALSA

1 Mango
2 Tomaten
1 Chilischote
1 Knoblauchzehe
30 g Ingwer
2 Frühlingszwiebeln
4 EL Limettensaft
4 EL Olivenöl, Salz
125 g Mozzarella
1 Bund Rucola
4 Weizentortillas (Vollkorn)

→ Backofen auf 250 Grad vorheizen. Mango- und Tomatenfruchtfleisch in Würfel schneiden. Chilischote waschen, entkernen, fein hacken. Knoblauch und Ingwer schälen und fein hacken. Frühlingszwiebeln waschen und in Ringe schneiden. Alles mit Limettensaft und Öl verrühren, salzen.
→ Mozzarella in Scheiben schneiden. Rucola waschen.
→ Tortillas kurz im Backofen erwärmen, mit je 2 EL Salsa bestreichen und mit Mozzarella und Rucola belegen. Aufrollen und einmal quer durchschneiden.

Für 4 Portionen
Pro Portion: **23 ◊, 5 ■**
15 Minuten

Schnelle Blitzküche

MELONE MIT SCHINKEN UND MOZZARELLA

1/2 Honigmelone
125 g kleine Mozzarellakugeln
4 Scheiben Parmaschinken
1/2 Bund Basilikum
2 EL Olivenöl
Salz, Pfeffer

→ Melone schälen, entkernen und in dünne Spalten schneiden. Zusammen mit Mozzarellakugeln und Schinken auf Tellern anrichten.
→ Basilikumblättchen mit Olivenöl fein pürieren, mit Salz und Pfeffer abschmecken und über die Mozzarellakugeln träufeln.

Für 2 Portionen
Pro Portion: **29** ♦, **0** ■
🚬 10 Minuten

HÄHNCHEN-PFIRSICH-SALAT

1/2 kaltes Brathähnchen
1 Bund Rucola
2 Pfirsiche
8 Cocktailtomaten
100 g saure Sahne
1 EL Pesto
1 EL Zitronensaft
Salz, Pfeffer

→ Haut vom Brathähnchen abziehen. Das Fleisch vom Knochen lösen und grob zerteilen.
→ Rucola waschen und grob hacken. Pfirsiche waschen, halbieren, entkernen, Haut abziehen und das Fruchtfleisch in Spalten schneiden.
→ Tomaten waschen und halbieren. Saure Sahne mit Pesto und Zitronensaft verrühren. Mit Salz und Pfeffer würzen.
→ Hähnchenfleisch, Rucola, Pfirsiche und Tomaten mit der Sauce vermischen und nochmals abschmecken.

Für 2 Portionen
Pro Portion: **21** ♦, **0** ■
🚬 15 Minuten

HÄHNCHENSALAT MIT CURRY-DRESSING

1/2 kleiner Kopfsalat
50 g Champignons
1/2 Mango
1 Kiwi
100 g Hähnchenbrustfilet
Salz, Pfeffer

Für das Dressing:
3 EL Olivenöl
Saft von einer 1/2 Zitrone
1 Msp. Curry
1/2 Knoblauchzehe

→ Salat waschen und in mundgerechte Stücke zupfen. Champignons, Mango und Kiwi schälen und in feine Scheiben schneiden. Zusammen mit dem Salat in einer Schüssel anrichten.
→ Hähnchenbrust salzen und pfeffern und mit 1 EL Olivenöl in einer Pfanne anbraten. Über den Salat geben.
→ 1 EL Olivenöl, Zitronensaft und Curry in einen Becher geben. Knoblauch hineinpressen und mit Salz und Pfeffer abschmecken. Über den Salat träufeln.

Für 2 Portionen
Pro Portion: **19** ♦, **0** ■
🚬 15 Minuten

Schnelle Blitzküche

WURSTSALAT MIT TOMATEN

200 g Lyoner oder Kalbfleischwurst
300 g Tomaten
1 kleine Gartengurke
2 EL Essig
1 TL Senf
Salz, Pfeffer
1 EL gemischte Kräuter
2 EL Öl

→ Wurst häuten und in dünne Streifen schneiden. Tomaten waschen und klein würfeln. Gurke schälen, längs vierteln und quer in dünne Scheiben schneiden.
→ Essig mit Senf, Salz, Pfeffer und Kräutern gründlich verrühren. Öl dazugeben.
→ Wurst, Tomaten, Gurke mit der Sauce mischen und den Salat abschmecken. Kurz ziehen lassen.

Für 2 Portionen
Pro Portion: **38** ♦, **0** ■
🥄 10 Minuten

ROASTBEEFSALAT MIT RUCOLA

1 Bund Rucola
250 g kernlose, blaue Weintrauben
1/2 Gurke
100 g saure Sahne
1 EL Pesto
1 EL Zitronensaft
Salz, Pfeffer
250 g Roastbeef, in dünne Scheiben geschnitten

→ Rucola waschen und grob hacken. Trauben waschen und halbieren. Gurke waschen, schälen und klein würfeln.
→ Saure Sahne mit Pesto und Zitronensaft verrühren, mit Salz und Pfeffer würzen.
→ Roastbeef-Scheiben auf Teller verteilen. Rucola, Trauben und Gurke darübergeben und mit der Sauce beträufeln.

Für 2 Portionen
Pro Portion: **15** ♦, **0** ■
🥄 15 Minuten

RINDER-CARPACCIO MIT RUCOLA

150 g Rinderfilet, in dünne Scheiben geschnitten
Salz, Pfeffer
1 EL Balsamico-Essig
25 g Rucola
1 EL Olivenöl

→ Den Backofengrill vorheizen. Rinderfilet salzen und pfeffern. Mit etwas Balsamico beträufeln. Auf ein Backblech legen und 2 bis 3 Min. in den heißen Backofen schieben.
→ Rucola waschen und mit Olivenöl und dem restlichen Balsamico-Essig vermengen. Auf den noch heißen Rinderfiletscheiben verteilen.

Für 1 Portion
Pro Portion: **17** ♦, **0** ■
🍸 7 Minuten

Schnelle Blitzküche

RÄUCHERFISCH MIT APFELSAUCE

1 kleiner säuerlicher Apfel
1 kleine Gartengurke
2 Essiggurken
1 TL Kapern
2 TL Zitronensaft
75 g saure Sahne
Salz, Pfeffer
2 Dillstängel
300 g Forellen- oder Saiblingsfilets, geräuchert

→ Apfel schälen, vierteln, entkernen und würfeln. Gurke schälen und in kleine Würfel schneiden.
→ Essiggurken und Kapern fein hacken. Mit Zitronensaft und saurer Sahne verrühren, mit Salz und Pfeffer abschmecken. Dill waschen und unterrühren.
→ Fischfilets auf Teller legen und mit der Apfelsauce garnieren.

Für 2 Portionen
Pro Portion: **11** ♦, 0 ■
🥄 10 Minuten

THUNFISCHSALAT

250 g Thunfisch, im eigenen Saft (Dose)
1/2 rote Zwiebel
300 g Tomaten
1 kleine Gartengurke
2 EL Essig
1 TL Senf
Salz, Pfeffer
1 EL gemischte Kräuter
2 EL Öl

→ Thunfisch abtropfen lassen. Zwiebel abziehen und in feine Streifen schneiden. Tomaten waschen und klein würfeln. Gurke schälen, längs vierteln und quer in dünne Scheiben schneiden.
→ Essig mit Senf, Salz, Pfeffer und Kräutern gründlich verrühren. Öl dazugeben.
→ Thunfisch, Tomaten und Gurke mit der Sauce vermischen und abschmecken. Kurz ziehen lassen.

Für 2 Portionen
Pro Portion: **26** ♦, 0 ■
🥄 10 Minuten

PAPRIKA MIT THUNFISCH

1 rote Paprika
2 Möhren
100 g Thunfisch, im eigenen Saft (Dose)
100 g Hüttenkäse

→ Paprika waschen, halbieren und entkernen. Möhren waschen.
→ Thunfisch in Paprikahälften füllen und den Hüttenkäse daraufgeben. Die Möhren dazu essen.

Für 1 Portion
Pro Portion: **15** ♦, 0 ■
🥄 5 Minuten

Tipp

Bei Thunfisch aus der Dose stets auf den »im eigenen Saft« zurückgreifen. Denn »Thunfisch in Öl« belastet Ihr Fettpunkte-Konto unnötig. Zudem ist das verwendete Öl meist von minderer Qualität.

Vitaminkick: Gesunde Suppen

SPINATSUPPE
(Foto)

1 EL Pinienkerne
200 g frischer Blattspinat
1 Schalotte
1/2 Knoblauchzehe
1 TL Olivenöl
200 ml Gemüsebrühe
Salz, Pfeffer
geriebene Muskatnuss
20 g Sahne

→ Pinienkerne in einer Pfanne goldbraun rösten. Spinatblätter waschen, einige Blätter beiseitelegen.
→ Schalotte und Knoblauch abziehen, fein hacken und in einem Topf mit heißem Olivenöl andünsten.
→ Spinat und 100 ml Brühe zugeben. Aufkochen und Spinat zusammenfallen lassen. Mit Salz, Pfeffer und Muskatnuss würzen. 3 Min. bei schwacher Hitze kochen. Fein pürieren. Restliche Brühe zugießen, aufkochen, nochmals abschmecken.
→ Sahne mit 1 Prise Salz steif schlagen und unterziehen. Mit Pinienkernen und Spinatblättern dekorieren.

Für 4 Portionen
Pro Portion: 10 ♦, 0 ■
⏲ 20 Minuten

BÄRLAUCHSUPPE MIT KNOBLAUCH-CHIPS

50 g Bärlauch
1/2 Knoblauchzehe
1 EL Olivenöl
1/2 Schalotte
1/2 TL Butter
200 ml Gemüsebrühe
Salz, Pfeffer, 40 g Sahne
1 Eigelb

→ Bärlauch mit kochendem Wasser überbrühen, dann mit kaltem Wasser abschrecken.
→ Knoblauch abziehen und in dünne Scheiben schneiden. In einer Pfanne mit heißem Öl goldgelb frittieren und auf Küchenpapier abtropfen lassen.
→ Schalotte abziehen, fein würfeln und in Butter anschwitzen. Brühe zugießen und mit Salz und Pfeffer abschmecken.
→ Sahne und Eigelb verquirlen, unter Rühren dazugeben. Topf vom Herd nehmen. Bärlauch mit einem Pürierstab untermixen. Suppe mit Knoblauchchips garniert servieren.

Für 1 Portion
Pro Portion: 33 ♦, 0 ■
⏲ 10 Minuten

JAPANISCHE MISOSUPPE

250 ml Dashi-Fischbrühe
1 EL Misopaste
Salz, Pfeffer
25 g weicher Tofu
1 Frühlingszwiebel
1 TL Wakame (-Algen)
1/4 rote Chilischote
50 g Glasnudeln
25 g Bohnenkeimlinge
1 Msp. Sesamsamen

→ Brühe erhitzen. Misopaste darin auflösen, salzen und pfeffern. Tofu dazugeben und 5 Min. köcheln lassen. Frühlingszwiebel waschen, klein schneiden und hinzufügen.
→ Wakame in kaltem Wasser einweichen. Chilischote waschen, entkernen und klein schneiden.
→ In einem zweiten Topf Nudeln bissfest garen.
→ Keimlinge waschen, mit Chili in einer Pfanne anbraten, Sesam mitrösten.
→ Nudeln, Keimlinge und Wakame in eine Schüssel geben. Tofu-Suppe darübergießen und gleich genießen.

Für 1 Portion
Pro Portion: 8 ♦, 0 ■
⏲ 12 Minuten

Gesunde Suppen

TOMATEN-MANGO-SUPPE

1 Mango
1 Zwiebel
2 Zitronengrasstängel
1 rote Chilischote
2 EL Olivenöl
1 Dose geschälte Tomaten (800 g)
300 ml Mango-Apfel-Saft
Salz

→ Mangofruchtfleisch klein würfeln. Zwiebel abziehen und fein hacken. Die unteren 10 cm der Zitronengrasstängel fein hacken. Chilischote waschen, halbieren, entkernen und fein hacken.
→ Das Öl in einem Topf erhitzen, Zwiebel darin andünsten. Zitronengras, Chili und Tomaten mit Saft einrühren. Mango-Apfel-Saft zugießen, salzen und aufkochen.
→ Einige Mangowürfel beiseitelegen. Die restlichen in die Suppe geben. Alles offen bei schwacher Hitze ca. 25 Min. köcheln lassen. Pürieren und mit den Mangostücken bestreut servieren.

Für 4 Portionen
Pro Portion: **7 ♦, 1 ■**
🍲 45 Minuten

SPARGELCREMESUPPE

700 g weißer Spargel
1 Prise Salz
1 Prise Zucker
1 EL Zitronensaft
1/8 l Sahne
1 Eigelb
Pfeffer, Muskat
1/2 Bund Schnittlauch

→ Spargel schälen und klein schneiden. Reichlich Wasser mit je 1 Prise Salz und Zucker zum Kochen bringen, Spargel ca. 15 Min. bei schwacher Hitze garen.
→ Spargel herausnehmen, 1/2 Liter des Spargelsuds aufbewahren. Spargelspitzen abschneiden und beiseitestellen.
→ Restlichen Spargel mit Zitronensaft und 1/2 Liter Spargelsud pürieren und durch ein Sieb in einen Topf streichen. Erhitzen, mit Sahne und Eigelb verrühren. Die Suppe darf nicht mehr kochen.
→ Spargelspitzen zugeben und mit Pfeffer und Muskat abschmecken. Mit Schnittlauchröllchen garnieren.

Für 4 Portionen
Pro Portion: **12 ♦, 0 ■**
🍲 30 Minuten

MÖHRENSUPPE MIT CURRY UND INGWER

500 g Möhren
1 l Gemüsebrühe
1–2 cm Ingwerwurzel
2 Zwiebeln
4 EL Olivenöl
1 TL Currypulver
Salz, Pfeffer
1–2 EL Sahne
frische Kräuter

→ Möhren schälen, grob zerkleinern und in der Gemüsebrühe weich kochen. Ingwer und Zwiebeln schälen und in kleine Würfel schneiden.
→ Das Olivenöl in einem großen Topf erhitzen, die Ingwer- und Zwiebelwürfel darin unter Rühren anbraten, bis die Zwiebeln glasig sind.
→ Die Möhren samt Gemüsebrühe zugeben und alles mit dem Stabmixer pürieren.
→ Mit Gewürzen und Sahne abschmecken. Die Suppe kurz aufkochen lassen. Auf Teller verteilen und mit frischen Kräutern garnieren.

Für 4 Portionen
Pro Portion: **14 ♦, 0 ■**
🍲 20 Minuten

Gesunde Suppen

TOMATENSUPPE MIT LIMETTE

1 kleine Zwiebel
1 EL Olivenöl
1 Dose geschälte Tomaten (400 g)
Salz, Pfeffer
Saft von 1 Limette
1 Msp. Cayennepfeffer
50 g schwarze Oliven, ohne Kern
1/2 Bund Basilikum

→ Die Zwiebel abziehen, fein hacken und in einem Topf mit Olivenöl 3 Min. dünsten. Tomaten dazugeben und mit einer Gabel zerdrücken.
→ Die Tomatenmischung 10 Min. bei kleiner Hitze kochen lassen. Mit Salz und Pfeffer sowie Limettensaft und Cayennepfeffer würzen. Die Oliven grob hacken und in die Tomatensuppe geben.
→ Basilikumblätter waschen, fein hacken und zum Schluss in die Suppe streuen.

Für 2 Portionen
Pro Portion: **14** ♦, **0** ■
🥄 20 Minuten

BOUILLABAISSE

200 g Fischfilet
1 Zitronengrasstengel
2 cm frischer Ingwer
1–2 Stengel Koriander
2 Chilischoten
400 ml ungesüßte Kokosmilch
2 EL Limettensaft
2 küchenfertige Garnelen
1 EL Olivenöl

→ Fischfilet waschen und klein würfeln.
→ Zitronengras in 3 cm lange Stücke schneiden. Ingwer schälen und halbieren. Koriander waschen und hacken. Chilis waschen, entkernen und in feine Ringe schneiden.
→ Kokosmilch in einem Topf mit Zitronengras und Ingwer aufkochen. Fisch dazugeben und bei mittlerer Hitze 5 Min. kochen lassen.
→ Limettensaft, Chili und Koriander hinzufügen, bei milder Hitze ziehen lassen. Ingwer aus der Suppe nehmen.
→ Garnelen von jeder Seite 3 Min. in Öl anbraten, auf die Teller legen und mit Suppe aufgießen.

Für 2 Portionen
Pro Portion: **11** ♦, **0** ■
🍸 20 Minuten

HUHN-KOKOS-SUPPE

1 Zitronengrasstengel
2 Kaffir-Limettenblätter
1 rote Chilischote
2 cm Ingwerwurzel
200 ml Kokosmilch
300 ml Hühnerbrühe
200 g Hähnchenbrustfilet
150 g Austernpilze
2 EL frischer Limettensaft
1/2 TL Zucker, Salz
2 Stengel Koriander

→ Zitronengras längs halbieren, leicht zerdrücken. Limettenblätter halbieren. Chilis entkernen, in feine Ringe schneiden. Ingwer schälen und fein hacken. Alles in einem Topf mit Kokosmilch und Brühe aufkochen. Bei mittlerer Hitze 5 Min. kochen.
→ Fleisch waschen, trocken tupfen und in dünne Scheiben schneiden. Pilze in Streifen schneiden. Beides in die Suppe geben, bei schwacher Hitze 10 Min. weiterköcheln.
→ Suppe mit Limettensaft, Zucker und Salz abschmecken. Koriander waschen, fein hacken und über die Suppe streuen.

Für 2 Portionen
Pro Portion: **23** ♦, **1** ■
🥄 30 Minuten

Gesunde Suppen

KÜRBISSUPPE

1 Hokkaido-Kürbis (1 kg)
100 ml Öl
Salz
1 kleiner säuerlicher Apfel
1 Zwiebel, 1 EL Butter
1/2 l Gemüsebrühe
1/2 TL Curry
1/2 TL Ingwerpulver
4 EL saure Sahne
Pfeffer

→ Kürbis waschen, halbieren und entkernen. 150 g Fruchtfleisch raspeln, den Rest würfeln.
→ Öl erhitzen und die Kürbisraspel darin knusprig frittieren. Auf Küchenpapier abtropfen lassen und salzen.
→ Apfel vierteln, schälen und entkernen. Zwiebel abziehen, klein würfeln. Beides in Butter andünsten. Gewürfeltes Kürbisfleisch zugeben, kurz mitschmoren. Mit Brühe aufgießen und 20 Min. zugedeckt bei schwacher Hitze köcheln.
→ Gewürze, 3 EL saure Sahne zugeben und pürieren. Salzen, pfeffern, mit restlicher Sahne und Kürbisraspeln garnieren.

Für 4 Portionen
Pro Portion: **15** ♦, **0** ■
30 Minuten

KÜRBIS-KOKOS-SUPPE

1 Schalotte
1 rote Peperoni
650 g Kürbisfleisch
2 mehlige Kartoffeln
5 cm Ingwerwurzel
2 EL Olivenöl
1 Zitronengrasstengel
600 ml Gemüsebrühe
400 ml ungesüßte Kokosmilch
1 Beutel grüne Currypaste
Salz, Pfeffer

→ Schalotte abziehen und fein hacken. Peperoni längs aufschlitzen, entkernen und in Ringe schneiden. Kürbisfleisch würfeln, Kartoffeln schälen und klein schneiden. Ingwer schälen und reiben.
→ Schalotte, Peperoni und Kürbis in Olivenöl andünsten. Kartoffeln, Ingwer und Zitronengras zufügen und mit Gemüsebrühe aufgießen. 20 Min. sanft köcheln.
→ Zitronengras entfernen und alles pürieren. Kokosmilch und Curry zugeben, erwärmen und mit Salz und Pfeffer abschmecken.

Für 4 Portionen
Pro Portion: **6** ♦, **2** ■
30 Minuten

PIKANTE APFEL-KÜRBIS-SUPPE

1 Zwiebel
500 g Kürbis
250 g Äpfel
2 EL Öl
150 ml Wasser
1 l Gemüsebrühe
Zitronensaft
Currypulver
Salz, Pfeffer
100 ml Sahne, steif geschlagen

→ Zwiebel abziehen und klein würfeln. Kürbis halbieren, das Fruchtfleisch herauslösen und in kleine Stücke schneiden. Äpfel schälen, entkernen und klein schneiden.
→ Das Öl erhitzen und die Zwiebelwürfel glasig dünsten. Mit Wasser ablöschen. Dann Kürbis- und Apfelstücke zugeben und einige Minuten weich kochen. Mit einem Pürierstab kräftig durchmixen.
→ Mit Brühe aufgießen und nochmals umrühren. Mit Zitronensaft, Currypulver, Salz und Pfeffer abschmecken. Mit Sahne garnieren.

Für 4 Portionen
Pro Portion: **14** ♦, **0** ■
15 Minuten

Knackig frisch: Leichte Salate mit Pfiff

TOMATEN-MANGO-SALAT

4 Tomaten
1/2 Mango
125 g Mozzarella

Für das Dressing:
Saft von 1/2 Orange
1–2 EL Weißweinessig
1 EL Sojasauce
2 EL Olivenöl
1/2 rote Chilischote
1/2 Bund Basilikum
1/4 TL brauner Zucker

→ Tomaten waschen und in Scheiben schneiden. Mangofruchtfleisch in dünne Scheiben schneiden. Mozzarella trocken tupfen und ebenfalls klein schneiden. Abwechselnd mit den Tomaten- und Mangoscheiben auf einem Teller anrichten.
→ Orangensaft, Essig, Sojasauce und Öl verrühren. Chilischote waschen, entkernen, fein würfeln. Basilikum waschen, fein hacken und mit Chili und Zucker unter die Sauce rühren. Über den Salat träufeln.

Für 2 Portionen
Pro Portion: **25** ♦, 0 ■
🥄 20 Minuten

GURKENSALAT MIT MELONE

1 Honig- oder Galiamelone
1 Bund Minze
1 Gartengurke oder
1/2 Gurke

Für das Dressing:
200 g fettarmer Joghurt
1 EL Zitronensaft
2 EL Olivenöl
je 1/4 TL Kreuzkümmel und Koriander, gemahlen
Salz, Pfeffer

→ Melone halbieren und die Kerne mit einem Löffel entfernen. Das Fruchtfleisch aus der Schale lösen. Minzeblättchen waschen und in Streifen schneiden. Gurke schälen und klein würfeln.
→ Aus den restlichen Zutaten ein Dressing rühren und mit Salz und Pfeffer abschmecken. Mit Melone und Gurke vermengen und in die Melonenhälften füllen.

Für 2 Portionen
Pro Portion: **14** ♦, 0 ■
🥄 25 Minuten

KRETA-SALAT

1 grüne Paprika
1 kleine Zucchini
2 Tomaten
1 Schalotte
1/2 Bund Petersilie
5 grüne Oliven, ohne Kern

Für das Dressing:
1/2 Knoblauchzehe
1–2 EL Zitronensaft
2 EL Olivenöl
Salz, Pfeffer
1 TL Kreuzkümmel, gemahlen
1/4 TL Kurkumapulver

→ Paprika, Zucchini und Tomaten waschen, ggf. entkernen und fein würfeln. Schalotte abziehen und würfeln. Petersilie waschen und fein hacken. Oliven in feine Ringe schneiden.
→ Knoblauch in eine Schüssel pressen, mit Zitronensaft und Olivenöl verrühren. Mit Salz, Pfeffer und Gewürzen abschmecken. Das Dressing über das Gemüse geben.

Für 2 Portionen
Pro Portion: **16** ♦, 0 ■
🥄 15 Minuten

Leichte Salate mit Pfiff

SOMMERSALAT MIT FETA (Foto)

50 g junger Spinat
8 Kirschtomaten
8 Radieschen
6 Schnittlauchhalme
50 g Feta
1 EL Zitronensaft
1 EL Sesamöl
1 EL Sonnenblumenöl
Salz, Pfeffer
1 TL Sesamsamen

→ Spinat waschen und abtropfen lassen. Tomaten waschen und halbieren. Radieschen waschen und in Scheiben schneiden. Schnittlauch waschen und in Röllchen schneiden. Feta klein würfeln.
→ Aus Zitronensaft, den Ölen, Salz, Pfeffer und Schnittlauch eine Vinaigrette rühren. Sesamsamen in einer Pfanne 1 Min. goldgelb rösten.
→ Gemüse und Feta dekorativ auf einem Teller anrichten, mit Vinaigrette beträufeln und mit Sesamsamen bestreuen.

Für 2 Portionen
Pro Portion: 16 ♦, 0 ■
🕐 10 Minuten

SCHARFER ERDBEERSALAT

1 EL Olivenöl
4 EL Balsamico-Essig
1 EL Orangenblütenhonig
4 EL Orangensaft
1 TL abgeriebene Schale einer Bio-Orange
400 g Erdbeeren
Pfeffer
1 cm Ingwerwurzel

→ Olivenöl, Balsamico-Essig und Honig in einem Topf verrühren. Orangensaft und -schale zugeben, aufkochen und 2 Min. köcheln lassen. Vom Herd nehmen und abkühlen lassen.
→ Erdbeeren waschen und halbieren. Den Sud über die Erdbeeren gießen. Mit Pfeffer bestreuen und zugedeckt 1 Std. ziehen lassen.
→ Ingwer schälen und grob raspeln. Die Erdbeeren auf Tellern anrichten und mit Ingwer bestreut servieren.

Für 2 Portionen
Pro Portion: 7 ♦, 2 ■
🕐 10 Minuten
(+ 1 Std. zum Ziehenlassen)

APFEL-FENCHEL-SALAT MIT RUCOLA

3 EL Cidre (Apfelwein)
3 EL Olivenöl
2 EL Apfelessig
1 TL flüssiger Honig
Salz, Pfeffer
100 g Rucola
2 mittelgroße Fenchelknollen (400 g)
2 Äpfel

→ Cidre, Olivenöl, Essig und Honig gut verrühren und die Vinaigrette mit Salz und Pfeffer abschmecken.
→ Rucola waschen und abtropfen lassen. Die Fenchelknollen der Länge nach in feine Scheiben schneiden. Die Äpfel entkernen und in feine Spalten schneiden. Alle Salatzutaten gut mischen und mit der Vinaigrette beträufeln.

Für 2 Portionen
Pro Portion: 19 ♦, 1 ■
🕐 10 Minuten

Leichte Salate mit Pfiff

RUCOLA MIT PARMESAN

200 g Rucola
8 Kirschtomaten
1 EL Balsamico-Essig
Salz, Pfeffer
1 Prise Zucker
2 EL Olivenöl
2 EL Pinienkerne
2 EL Parmesan, geraspelt

→ Rucola waschen und Stiele entfernen. Tomaten waschen und halbieren. Auf Tellern anrichten. Balsamico-Essig, Salz, Pfeffer, Zucker und Olivenöl zu einer Vinaigrette verrühren.
→ Pinienkerne in einer beschichteten Pfanne ohne Fett anrösten. Vinaigrette, Parmesan und Pinienkerne über den Salat geben.

Für 2 Portionen
Pro Portion: **24** ♦, **0** ■
⏲ 10 Minuten

ORANGENSALAT MIT OLIVEN UND FENCHEL

1 Fenchelknolle
2 EL Zitronensaft
Salz, Pfeffer
4 EL Olivenöl
3 Orangen
120 g schwarze Oliven
1 Granatapfel
einige Minzblättchen

→ Fenchel waschen, putzen und in dünne Scheiben schneiden.
→ Zitronensaft, Salz, Pfeffer und Olivenöl verrühren. Orangen schälen, die weißen Häute entfernen und entlang der Trennwände die Filets auslösen, dabei den austretenden Saft auffangen. Fenchel und Orangenfilets in die Marinade geben und ca. 20 Min. ziehen lassen.
→ Den Granatapfel halbieren, Kerne herausschaben, von den Häutchen befreien und mit den Oliven zum Salat geben. Mit frisch gehackter Minze garnieren.

Für 2 Portionen
Pro Portion: **17** ♦, **0** ■
🕐 30 Minuten

GURKEN-OLIVEN-SALAT

1 Salatgurke, Salz
je 50 g grüne und schwarze Oliven, ohne Kern
2 Frühlingszwiebeln
1 eingelegte milde Chilischote aus dem Glas
100 g Joghurt
1 EL Zitronensaft
Pfeffer, 1 EL Olivenöl
1/2 TL Thymian, getrocknet

→ Gurke waschen und längs halbieren. Kerne entfernen und die Gurke in feine Würfel schneiden. Mit 1 TL Salz vermischen und in einem Sieb etwa 10 Min. Wasser ziehen lassen.
→ Oliven fein hacken. Frühlingszwiebeln waschen, putzen und in feine Ringe schneiden. Chilischote entkernen und klein schneiden.
→ Joghurt mit Zitronensaft, Salz und Pfeffer verrühren, Öl unterschlagen. Thymian zugeben. Gurke, Oliven, Frühlingszwiebeln und Chili mit dem Dressing vermischen und mit Salz und Pfeffer abschmecken.

Für 2 Portionen
Pro Portion: **10** ♦, **0** ■
🕐 15 Minuten

Leichte Salate mit Pfiff

KRÄUTERSALAT MIT GEGRILLTEM ZIEGENKÄSE

75 g Kräuter
etwas Brunnenkresse
125 g Heidelbeeren
1–2 EL Estragonessig
1/2 TL Dijon-Senf
1 TL Ahornsirup
Salz, Pfeffer
3 EL Olivenöl
1 Schalotte, gehackt
1 Knoblauchzehe
2 kleine Ziegenfrischkäse

→ Kräuter und Brunnenkresse waschen. Mit den gewaschenen Beeren in einer Schüssel vermengen. Essig mit Senf, 1/2 TL Ahornsirup, Salz und Pfeffer verrühren. 2 EL Olivenöl und Schalotte unterrühren.
→ Knoblauch abziehen, in dünne Scheiben schneiden und in 1 EL Olivenöl goldbraun rösten. Ziegenkäse auf einem Blech mit
→ 1/2 TL Ahornsirup bestreichen, unter dem Backofengrill 2 Min. karamellisieren. Salat mit Vinaigrette mischen und mit Käse und Knoblauch anrichten.

Für 2 Portionen
Pro Portion: 21 ♦, 1 ■
⊻ 20 Minuten

ZUCKERSCHOTEN-ZUCCHINI-SALAT

6 Radieschen
100 g Erbsen
100 g Zuckerschoten
4 kleine Baby-Zucchini
2 Schnittlauchhalme
2 EL Olivenöl
2 EL Zitronensaft
50 g Radieschensprossen
Salz, Pfeffer

→ Radieschen waschen und in Scheiben schneiden. Erbsen, Zuckerschoten und Zucchini waschen und in einem Sieb 4 Min. über kochendem Wasser dämpfen. Das Gemüse abkühlen lassen.
→ Schnittlauch waschen und in Röllchen schneiden. Zucchini in Scheiben schneiden.
→ Aus Öl, Zitronensaft und Schnittlauch eine Vinaigrette rühren.
→ Radieschenscheiben und -sprossen, Zucchinischeiben, Erbsen und Zuckerschoten in Schälchen anrichten. Mit Vinaigrette beträufeln, pfeffern und salzen.

Für 2 Portionen
Pro Portion: 12 ♦, 0 ■
⏲ 15 Minuten

GRIECHISCHER BAUERNSALAT

1/2 Romana-Salat
2 reife Tomaten
1/2 Gurke
1 Schalotte
1/2 grüne Paprika
60 g Feta, gewürfelt
8 schwarze Oliven
1 TL Oregano, gehackt
4 EL Olivenöl
2 EL Weißweinessig
1 Msp. Senf
Salz, Pfeffer

→ Salat waschen, in Blätter zerteilen, Tomaten waschen und vierteln, Gurke schälen, in Scheiben schneiden, Schalotte abziehen, in dünne Scheiben schneiden. Paprika waschen, entkernen und in Streifen schneiden. Feta würfeln.
→ Salatblätter auf Teller geben. Die übrigen Zutaten darauf verteilen.
→ Öl, Essig, Senf, Salz und Pfeffer gut vermischen und über den Salat träufeln.

Für 2 Portionen
Pro Portion: 24 ♦, 0 ■
⏲ 15 Minuten

Leichte Salate mit Pfiff

ASIATISCHER SPROSSENSALAT

1/2 reife Avocado
Saft von 1/2 Zitrone
125 g Sprossenmischung
1 Schalotte
2 EL Balsamico-Essig
1 EL Olivenöl
1/2 TL scharfer Senf
Salz, Pfeffer

→ Avocado schälen, Kern entfernen und das Fruchtfleisch in hauchdünne Spalten schneiden. Als Fächer auf einen Teller legen und sofort mit 1 TL Zitronensaft beträufeln. Die Sprossen waschen und auf den Avocadospalten verteilen. Schalotte abziehen und fein hacken.
→ Aus den restlichen Zutaten ein Dressing rühren, Schalottenwürfel untermischen und die Salatsauce über Avocados und Sprossen träufeln.

Für 2 Portionen
Pro Portion: **18** ♦, **0** ■
⏱ 7 Minuten

KRAUTSALAT MIT LIMETTEN-DRESSING

1 Knoblauchzehe
Salz, Pfeffer
1/4 TL brauner Zucker
2 EL Limettensaft
1/2 TL Koriander, gehackt
3 EL Olivenöl
200 g Weißkohl
1–2 EL Rosinen

→ Knoblauch abziehen und in eine Schüssel pressen. Salz, Pfeffer, Zucker und Limettensaft dazugeben.
→ Koriander und Olivenöl mit einem Schneebesen unterrühren. Weißkohl waschen und raspeln.
→ Mit Dressing und Rosinen vermengen und 30 Minuten ziehen lassen.

Für 2 Portionen
Pro Portion: **18** ♦, **0** ■
🥄 40 Minuten

Tipp

Weißkohl gehört zu den hochwertigsten Lieferanten von Vitamin C und hilft dem Körper Schlacken und Giftstoffe loszuwerden.

WILDREISSALAT AUF RUCOLA

100 g Wildreis
1 Lorbeerblatt
2 TL Zitronensaft
1 EL Balsamico-Essig
4 EL Olivenöl
3 TL Ingwer, gerieben
Salz, Pfeffer
1 gelbe Paprika
1/2 Zwiebel
1/2 Bio-Zitrone
1 Bund Rucola

→ Wildreis mit dem Lorbeerblatt laut Packungsanleitung garen, Lorbeerblatt entfernen.
→ Zitronensaft, Essig und Öl mischen, Ingwer unterrühren, salzen und pfeffern.
→ Paprika waschen, entkernen und klein würfeln. Zwiebel fein hacken. Mit Reis und der Vinaigrette mischen, 10 Min. ziehen lassen.
→ Zitronenhälfte in hauchdünne Scheiben schneiden und unter den Reissalat heben. Zum Servieren Rucola auf Teller verteilen, Salat darauf anrichten.

Für 2 Portionen
Pro Portion: **25** ♦, **0** ■
🥄 45 Minuten

Leichte Salate mit Pfiff

RUCOLA-RADIES-CHEN-REISSALAT

100 g Wildreis, Salz
1 Msp. Kreuzkümmelpulver
abgeriebene Schale und
Saft von 1 Bio-Zitrone
1 cm Ingwerwurzel
1 rote Zwiebel
1 TL Honig
1 TL eingelegte grüne
Pfefferkörner
1 Bund Rucola
1/2 Bund Radieschen
2 EL Olivenöl
Pfeffer

→ Reis mit Salz, Kreuzkümmel und Zitronenschale gar kochen. Ingwer schälen und fein reiben, Zwiebel abziehen und fein würfeln.
→ Zitronensaft mit Honig und Pfefferkörnern verrühren. Ingwer und Zwiebelwürfel zugeben, 30 Min. ziehen lassen.
→ Rucola und Radieschen waschen und putzen. Radieschen klein schneiden. Mit Reis in einer Schüssel vermischen.
→ Öl unter die Marinade rühren, salzen, pfeffern und mit dem Salat gut vermischen.

Für 2 Portionen
Pro Portion: **12 ♦, 0 ■**
🥄 1 1/2 Stunden

GRIECHISCHER KÜRBISSALAT

200 g Kürbisfleisch
1 Schalotte, 1 Paprika
2 EL Olivenöl
1/2 EL Zitronensaft
1/2 EL Weißweinessig
50 ml Gemüsebrühe
Salz und Pfeffer
1 Knoblauchzehe
1 TL gehackte Petersilie
1 kleine Tomate, gewürfelt
4 schwarze Oliven, ohne Kern

→ Kürbisfleisch in dicke Würfel schneiden. Schalotte abziehen und fein hacken. Paprika längs halbieren, entkernen und quer in feine Streifen schneiden.
→ Alles in 1 EL Olivenöl andünsten. Zitronensaft, Essig und Gemüsebrühe angießen und Kürbis bei kleiner Hitze ca. 5 Min. bissfest kochen. Salzen, pfeffern und abkühlen lassen.
→ Knoblauch abziehen, pressen und zum Salat geben. Mit restlichem Öl, Petersilie, Tomaten und Oliven vermengen.

Für 2 Portionen
Pro Portion: **12 ♦, 0 ■**
🥄 15 Minuten

GEGRILLTER SPARGEL AUF KRÄUTERSALAT

1 Scheibe Mehrkornbrot
3 EL Olivenöl
75 g Rucola
25 g Kerbel
1/2 Bund Brunnenkresse
25 g Sauerampfer
250 g weißer Spargel
1 EL Weißweinessig
1/2 TL Ahornsirup
2–3 EL Orangensaft
Salz, Pfeffer

→ Brot entrinden und würfeln. In 1/2 EL Öl in einer Pfanne goldgelb rösten. Rucola und Kräuter waschen. Spargel waschen, schälen, holzige Enden abschneiden, Spargelstangen längs und quer halbieren.
→ Auf ein mit Backpapier belegtes Blech geben, mit 1 EL Öl bepinseln und ca. 5 Min. unter dem Backofengrill grillen, dabei einmal wenden.
→ Aus Essig, Ahornsirup, Saft, Salz, Pfeffer, 1 EL Öl und Kräutern eine Marinade rühren.

Für 2 Portionen
Pro Portion: **17 ♦, 1 ■**
🍸 15 Minuten

Leichte Salate mit Pfiff

AVOCADO-BOHNEN-SALAT

1/2 Avocado
1 Schalotte
2 Tomaten
1/2 Lollo Rosso
200 g rote Kidneybohnen (Dose)
50 g Rucola
200 g gekochtes, grob zerteiltes Hühnerfleisch
25 g Walnüsse

Für das Dressing:
Saft von 1/2 Zitrone
1 EL Olivenöl
1 EL Balsamico-Essig
1 EL Dijon-Senf, Salz, Pfeffer

→ Avocadofruchtfleisch in kleine Würfel schneiden. Schalotte abziehen und in feine Scheiben schneiden, Tomaten waschen und achteln.
→ Lollo-Rosso-Blätter waschen und grob zupfen. Bohnen abspülen und abtropfen lassen. Alles mit Rucola und Hähnchenfleisch in einer Schüssel mischen.
→ Dressing-Zutaten gut vermischen und über den Salat geben, mit Nüssen bestreuen.

Für 2 Portionen
Pro Portion: **21** ♦, **0** ■
⏱ 10 Minuten

SPARGELSALAT

8 Stangen grüner Spargel
100 g Prinzessbohnen
6 Schnittlauchhalme
1 EL Himbeeressig
2 EL Traubenkernöl
1/2 TL bunter Pfeffer, zerstoßen
Salz
12 küchenfertige Scampi
1–2 El Öl

→ Spargel an den Enden abschneiden, Bohnen putzen und die Spitzen abschneiden. Beides in einem Sieb 6 Min. über kochendem Wasser dämpfen. Kalt abschrecken, den Spargel der Länge nach halbieren. Abkühlen lassen.
→ Schnittlauch waschen und in Röllchen schneiden. Aus Essig, Öl, Pfeffer, Salz und Schnittlauch eine Vinaigrette rühren.
→ Spargel und Bohnen auf einem Teller anrichten. Mit Vinaigrette überziehen und mit etwas Salz bestreuen.
→ Scampi in 1 bis 2 EL Öl von allen Seiten 3 Min. anbraten und auf dem Salat anrichten.

Für 2 Portionen
Pro Portion: **12** ♦, **0** ■
🍸 25 Minuten

BUNTER SALAT MIT SCAMPI

200 g gemischter Blattsalat
8 Kirschtomaten
1 Stiel Petersilie
2 EL Balsamico-Essig
Salz und Pfeffer
4 EL Olivenöl
abgeriebene Schale von 1/2 Bio-Orange
4 küchenfertige Scampi

→ Den Salat waschen und in kleine Stücke zupfen. Tomaten waschen und halbieren. Petersilie waschen und fein hacken.
→ Aus Essig, Salz, Pfeffer und 2 EL Öl eine Vinaigrette rühren. Orangenschale zufügen, ziehen lassen, dann entfernen.
→ Die Scampi abbrausen, trocken tupfen und mit Petersilie in 2 EL Öl von allen Seiten 2 bis 3 Min. anbraten.
→ Salat mit der Vinaigrette mischen und mit den Scampi anrichten.

Für 2 Portionen
Pro Portion: **19** ♦, **0** ■
🍸 15 Minuten

Leichte Salate mit Pfiff

FEURIGER GLASNUDELSALAT

50 g Glasnudeln
300 g Hähnchenbrustfilet
4 Frühlingszwiebeln
1 kleine Chilischote
1 cm Ingwerwurzel
1 EL Erdnuss- oder Sesamöl
2 EL Reisessig
1 TL Honig
Salz

→ Glasnudeln 10 Minuten in einer Schüssel mit lauwarmem Wasser quellen lassen. Fleisch klein würfeln. Frühlingszwiebeln waschen und in Ringe schneiden. Chilischote entkernen und fein hacken. Ingwer schälen, in feine Stifte schneiden.
→ Öl in einer Pfanne oder im Wok erhitzen, Fleisch kurz anbraten, Ingwer, Chili und Zwiebelringe zugeben, bei mittlerer Hitze 3 Min. garen.
→ Abgetropfte Glasnudeln kurz mitbraten. In eine Schüssel geben und mit Essig, Honig und Salz vermischen.

Für 2 Portionen
Pro Portion: **7** ♦, **2** ■
🥄 25 Minuten

CHICORÉESALAT MIT HÜHNCHEN

250 g Hähnchenbrustfilet
Salz, Pfeffer
1/2 EL Honig
1 EL Sesamöl
150 g weißer Spargel
1–2 EL Weißweinessig
Zucker, 2 EL Öl, 1 TL Butter
2 Stauden Chicorée
150 g Erdbeeren

→ Hähnchen waschen, trocken tupfen, salzen und pfeffern. In einer Marinade aus Honig und Öl ziehen lassen.
→ Spargel schälen, Enden abtrennen, Spargelstangen schräg in Scheiben schneiden. In kochendem Salzwasser 12 Min. garen. Abgießen und kalt abschrecken.
→ Aus Essig, 1 Prise Salz, Zucker und Öl eine Vinaigrette rühren.
→ Butter zerlassen und das Fleisch von beiden Seiten anbraten. Bei kleiner Hitze 10 Min. garen.
→ Chicorée und Erdbeeren waschen, klein schneiden. Mit Spargel, Vinaigrette und Hähnchen anrichten.

Für 2 Portionen
Pro Portion: **22** ♦, **1** ■
🍸 30 Minuten

RINDFLEISCHSALAT

200 g Rindersteak
Salz, Pfeffer
2 EL Öl, 3 EL Sojasauce
3 Tomaten
1 Gartengurke
1/2 rote Chilischote
1/2 Bund Frühlingszwiebeln
1 Knoblauchzehe
Saft von 1 Limette

→ Fleisch waschen, trocken tupfen, salzen und pfeffern. In 1/2 EL Öl von beiden Seiten anbraten. Abkühlen lassen und in dünne Scheiben schneiden. Bratensatz mit Sojasauce ablöschen, aufkochen und beiseitestellen.
→ Tomaten waschen, achteln und entkernen. Gurke waschen und in Scheiben schneiden. Chilischote entkernen und fein hacken. Frühlingszwiebeln abziehen und in Ringe schneiden. Knoblauch abziehen und fein hacken. Alles in einer Schüssel vermengen.
→ Sojasud mit Limettensaft verrühren, restliches Öl dazugeben. Über den Salat träufeln.

Für 2 Portionen
Pro Portion: **12** ♦, **0** ■
🥄 20 Minuten

Immer lecker: Lieblingsrezepte mit Pasta & Reis

NUDELSALAT MIT FETA UND KAPERN (Foto)

2 rote Paprika
3 EL Olivenöl
Schale und Saft von
1 Bio-Zitrone
je 1 TL Thymian, Rosmarin und Petersilie
Salz, Pfeffer
80 g eingelegte Peperoni
100 g Oliven
2 EL eingelegte Kapern
400 g Penne
100 g Feta

→ Paprika waschen, entkernen, klein würfeln und in einer Pfanne in 1 EL Olivenöl anbraten und abkühlen lassen.
→ Restliches Öl, Zitronenschale und -saft, Kräuter, Salz und Pfeffer zu einer Marinade vermischen. Paprika, Peperoni, Oliven und Kapern zugeben und ziehen lassen.
→ Inzwischen die Nudeln nach Packungsangabe garen, abkühlen lassen und mit Marinade und Feta vermischen.

Für 4 Portionen
Pro Portion: **19** ♦, 0 ■
🕑 30 Minuten

BUNTER NUDELSALAT

250 g Muschelnudeln (Vollkorn)
1 kleine Salatgurke
2–4 Radieschen
1 gelbe Paprika
3–4 Kirschtomaten
1/2 Bund Schnittlauch
50 g Feta
1 EL Sonnenblumenöl
1 EL Zitronensaft
50 g fettarmer Joghurt
Salz, Pfeffer

→ Die Nudeln bissfest garen und abkühlen lassen.
→ Inzwischen Salatgurke, Radieschen, Paprika und Tomaten waschen und klein schneiden. Schnittlauch in feine Röllchen schneiden. Alles in eine Schüssel geben und den Feta darüberbröseln.
→ Für das Dressing Öl, Zitronensaft und Joghurt verrühren, mit Salz und Pfeffer abschmecken und kräftig mit dem Salat vermischen. 20 Min. ziehen lassen.

Für 2 Portionen
Pro Portion: **13** ♦, 0 ■
🕑 20 Minuten

TAGLIATELLE-SALAT

250 g grüne Tagliatelle (Vollkorn)
200 g Krabben, gegart
100 g Möhren
1 cm frischer Ingwer
75 ml saure Sahne
2 EL Salatcreme
Salz, Pfeffer
1–2 EL Kräuter, fein gehackt (Petersilie, Minze, Schnittlauch)

→ Die Nudeln bissfest garen. Abgießen, kalt abschrecken und abtropfen lassen.
→ Die Hälfte der Krabben in eine große Schüssel geben. Möhren und Ingwer schälen, in hauchdünne Scheiben schneiden und zu den Krabben geben. Nudeln, saure Sahne, Salatcreme und 1 Prise Pfeffer zugeben. Gut mischen.
→ Den Salat mindestens 1 Std. kühl stellen. Zum Servieren die restlichen Krabben und die Kräuter darüberstreuen.

Für 2 Portionen
Pro Portion: **12** ♦, 0 ■
🕑 20 Minuten

Lieblingsrezepte mit Pasta & Reis

PENNE MIT RÄUCHERLACHS-GEMÜSE-SAUCE

2 kleine rote Paprika
2 Stangen Staudensellerie
1 Frühlingszwiebel
8 Stängel Basilikum
200 g dünne Scheiben Räucherlachs
Schale und Saft von 1 Bio-Zitrone
150 g saure Sahne
Salz, Pfeffer
400 g Penne (Vollkorn)

→ Paprika waschen und entkernen. Sellerie waschen, Enden abschneiden, harte Fasern abziehen. Frühlingszwiebel putzen. Alles klein hacken.
→ Basilikumblätter und Lachs in feine Streifen schneiden. Das gehackte Gemüse mit Basilikum, Lachs und saurer Sahne verrühren.
→ Mit 3 TL Zitronensaft, der Zitronenschale, Salz und Pfeffer würzen. Kühl stellen.
→ Penne bissfest garen. Nudeln und 1 bis 2 EL Kochwasser mit der Sauce vermengen.

Für 4 Portionen
Pro Portion: 11 ♦, 0 ■
20 Minuten

FUSSILI MIT THUNFISCHSAUCE

4 Kaffir-Limettenblätter
1 grüne Chilischote
2 Schalotten
1 cm Ingwerwurzel
2 EL neutrales Öl
2 Dosen Thunfisch, im eigenen Saft (je 140 g Abtropfgewicht)
3 EL helle Sojasauce
300 g gestückelte Tomaten
400 g Fussili (Vollkorn)

→ Limettenblätter waschen und in feine Streifen schneiden. Chili waschen, in feine Ringe schneiden. Schalotten abziehen und in Scheiben schneiden. Ingwer schälen, fein hacken.
→ Öl in einem Topf erhitzen, Schalotten und Ingwer darin bei schwacher Hitze 4 Min. dünsten.
→ Thunfisch abtropfen lassen, zerpflücken und mit Limettenblättern, Sojasauce und Tomaten zugeben.
→ Nudeln bissfest garen. Mit der heißen Sauce mischen und Basilikum darüberstreuen.

Für 4 Portionen
Pro Portion: 11 ♦, 0 ■
20 Minuten

SPAGHETTI MIT AVOCADOS UND GARNELEN

400 g Spaghetti (Vollkorn)
1 Schalotte, fein gehackt
2 Knoblauchzehen, gepresst
2 EL Olivenöl
2 kleine Avocados
125 ml Brühe
Salz, Pfeffer
2 TL bunte Pfefferkörner
12 küchenfertige Garnelen

→ Spaghetti bissfest garen. Schalotte und 1 Knoblauchzehe in 1 EL Öl glasig anschwitzen.
→ Avocado-Fruchtfleisch grob hacken, dazugeben und einige Minuten mitdünsten. Brühe angießen, aufkochen und das Ganze pürieren. Salzen und pfeffern. Zweite Knoblauchzehe und Pfefferkörner anbraten, Garnelen dazugeben und in restlichem Öl etwa 5 Min. anbraten.
→ Nudeln mit der Avocadocreme mischen, vorsichtig erwärmen, mit Garnelen und Pfeffer anrichten.

Für 4 Portionen
Pro Portion: 21 ♦, 0 ■
30 Minuten

Lieblingsrezepte mit Pasta & Reis

SPAGHETTI MIT KNOBLAUCH-GARNELEN

4 Knoblauchzehen
1 kleine rote Chilischote
12 küchenfertige Garnelen
250 g Kirschtomaten
1/4 Bund glatte Petersilie
400 g Spaghetti (Vollkorn)
6 EL Olivenöl
Salz

→ Knoblauch abziehen und in dünne Scheiben schneiden. Chilischote waschen und in feine Ringe schneiden.
→ Garnelen in ca. 1 cm dicke Scheiben schneiden. Tomaten waschen und vierteln. Petersilie waschen und die Blättchen fein hacken. Nudeln bissfest garen.
→ Inzwischen in einer Pfanne in 4 EL Öl Knoblauch und Chili bei mittlerer Hitze andünsten. Garnelen unter Rühren 1 Min. mitdünsten.
→ Tomaten und Petersilie untermischen, heiß werden lassen, salzen. Mit gekochten Nudeln und übrigem Öl vermischen.

Für 4 Portionen
Pro Portion: **21 ◊, 0 ■**
20 Minuten

HUHN-KOKOS-TAGLIATELLE

400 g Tagliatelle (Vollkorn)
150 g Zuckerschoten
Salz, 100 g Kirschtomaten
2 cm Ingwerwurzel
2 Frühlingszwiebeln
2 EL Sonnenblumenöl
350 g Hähnchenbrustfilet, klein geschnitten
200 ml ungesüßte Kokosmilch
2 EL Limettensaft
1 TL rote Currypaste

→ Nudeln bissfest garen.
→ Zuckerschoten in 2 cm lange Stücke schneiden. In kochendem Salzwasser 2 Min. garen, abtropfen lassen. Tomaten halbieren, Ingwer schälen und fein hacken. Frühlingszwiebeln abziehen und in Ringe schneiden.
→ Öl im Topf erhitzen. Fleisch bei starker Hitze anbraten, herausnehmen, Ingwer und Zwiebeln im Fett andünsten. Kokosmilch zugießen, mit Limettensaft, Currypaste und Salz würzen. Aufkochen. Fleisch, Tomaten, Zuckerschoten und Nudeln untermischen.

Für 4 Portionen
Pro Portion: **22 ◊, 1 ■**
20 Minuten

SPAGHETTI MIT KAPERN, CHILI UND RUCOLA

1 Bund Rucola (150 g)
1 Schalotte
2 Knoblauchzehen
1 rote Chilischote
400 g Spaghetti (Vollkorn)
3 EL Olivenöl
Salz, Pfeffer
2 EL kleine Kapern

→ Rucola waschen und klein zupfen. Schalotte und Knoblauch abziehen und fein hacken. Chilischote waschen, entkernen und klein schneiden. Spaghetti bissfest garen.
→ Schalotte in einem breiten Topf mit Olivenöl bei mittlerer Hitze glasig dünsten, Knoblauch und Chili zugeben und kurz mitdünsten.
→ Spaghetti abgießen, eine Tasse vom Kochwasser auffangen. Spaghetti und Rucola in den Topf geben, etwas Kochwasser zugießen, salzen, pfeffern und die Kapern zufügen. Alles gut vermengen.

Für 4 Portionen
Pro Portion: **11 ◊, 0 ■**
20 Minuten

Lieblingsrezepte mit Pasta & Reis

FUSSILI ALLA CALABRESE

400 g Fusilli (Vollkorn)
400 g Tomaten
1 Schalotte
1 Knoblauchzehe
3 EL Olivenöl
Salz, Pfeffer
2 TL Balsamico-Essig
50 g schwarze Oliven, ohne Kern
1/2 Bund Basilikum
40 g Parmesan

→ Nudeln bissfest garen. Tomaten mit heißem Wasser überbrühen, schälen, entkernen und klein würfeln.
→ Schalotte abziehen und fein hacken, in heißem Olivenöl glasig anschwitzen, Knoblauch dazupressen, Tomaten zugeben, mit Salz, Pfeffer und Balsamico würzen und ca. 8 Min. dünsten.
→ Oliven halbieren und mit den Nudeln und den abgezupften Basilikumblättchen und der Tomatensauce vermengen, erhitzen und mit Parmesanspänen bestreuen.

Für 4 Portionen
Pro Portion: **16 ♦, 0 ■**
25 Minuten

BANDNUDELN MIT SPARGEL UND TOMATEN

500 g grüner Spargel
300 g Kirschtomaten
1 großer Bund Rucola
2 EL Olivenöl
400 g Bandnudeln (Vollkorn)
50 ml trockener Weißwein oder Gemüsebrühe
Salz, Pfeffer
1 Prise Zucker

→ Spargel waschen, die holzigen Enden abschneiden. Spargelspitzen knapp abschneiden, die Stangen leicht schräg in 1/2 cm dicke Scheiben schneiden. Tomaten halbieren. Rucola waschen, Blätter grob hacken.
→ Spargel im Öl bei mittlerer Hitze unter Rühren ca. 5 Min. anbraten. Nudeln bissfest garen.
→ Tomaten zum Spargel geben, 2 Min. weiterbraten. Wein oder Brühe angießen, Rucola untermischen und aufkochen. Sauce mit Salz, Pfeffer und Zucker abschmecken. Mit den Nudeln mischen.

Für 4 Portionen
Pro Portion: **8 ♦, 0 ■**
20 Minuten

FARFALLE MIT PAPRIKA-CURRY-SAUCE

3 Paprika
1 große Zwiebel
1/2 Bund glatte Petersilie
400 g Farfalle (Vollkorn)
2 EL Butter
100 g TK-Erbsen
3 TL Currypulver
1/8 l Gemüsebrühe
Salz, Pfeffer

→ Paprika waschen, entkernen und würfeln. Zwiebel abziehen und fein würfeln. Petersilie waschen, fein hacken.
→ Nudeln bissfest garen. Paprika und Zwiebel in Butter bei mittlerer Hitze unter Rühren 2 bis 3 Min. braten. Petersilie (bis auf 1 EL) und Erbsen kurz mitbraten. Curry unterrühren.
→ Brühe angießen, Gemüse zugedeckt 1 bis 2 Min. garen. Salzen, pfeffern, übrige Petersilie dazugeben. Mit frisch gekochten Nudeln mischen.

Für 4 Portionen
Pro Portion: **8 ♦, 0 ■**
15 Minuten

Lieblingsrezepte mit Pasta & Reis

PENNE MIT SPINATCREME

300 g gehackter TK-Spinat
400 g Penne (Vollkorn)
1 Bund Frühlingszwiebeln
2 Knoblauchzehen
2 EL Butter
Schale und Saft von
1/2 Bio-Zitrone
100 g Crème fraîche
1/2 Bund Dill, gehackt
Salz
Cayennepfeffer
150 g Feta

→ Spinat auftauen. Penne bissfest garen.
→ Frühlingszwiebeln und Knoblauch abziehen, in feine Ringe schneiden. Beides in einem Topf mit zerlassener Butter bei schwacher Hitze 2 bis 3 Min. dünsten.
→ Spinat, Zitronenschale und Crème fraîche unterrühren. Mit Dill, Salz, Cayennepfeffer und 3 bis 4 TL Zitronensaft abschmecken. Feta fein zerkrümeln und mit Sauce und Nudeln mischen.

Für 4 Portionen
Pro Portion: **24** ♦, 0 ■
20 Minuten

SPAGHETTI MIT BÄRLAUCH-PILZ-SAHNE

400 g Spaghetti (Vollkorn)
2 Schalotten
60 g Bärlauch
250 g Champignons
2 EL Butter
50 ml Gemüsebrühe
150 g Sahne
Salz, Pfeffer

→ Nudeln bissfest garen. Schalotten abziehen und klein würfeln. Bärlauch waschen und fein schneiden. Pilze putzen und in Scheiben schneiden.
→ Butter in einem Topf zerlassen, Schalotten darin bei mittlerer Hitze andünsten. Mit Gemüsebrühe ablöschen, Sahne zugießen und einmal kräftig aufkochen.
→ Bärlauch untermischen, salzen, pfeffern. Mit frisch gekochten Nudeln mischen.

Für 4 Portionen
Pro Portion: **18** ♦, 0 ■
15 Minuten

PASTA MIT FRISCHEN FEIGEN

400 g Tagliatelle (Vollkorn)
1 EL Halbfettbutter
1–2 Knoblauchzehen, gehackt
1 EL Rosmarin, gehackt
8 blaue Feigen
Schale und Saft von
1 Bio-Zitrone
Salz, Pfeffer
30 g Gorgonzola
4 EL Sahne
2 EL Parmesan, gerieben

→ Nudeln bissfest garen. Butter in einer Pfanne erhitzen, Knoblauch und Rosmarin darin anbraten.
→ Feigen waschen und vierteln. In der Pfanne von allen Seiten kurz anbraten. Zitronenschale, Salz und Pfeffer zufügen.
→ Gorgonzola zu den Feigen geben und schmelzen lassen. Sahne zugeben, reduzieren, Zitronensaft zugeben.
→ Nudeln unterheben, reichlich Pfeffer und Parmesan darüberstreuen.

Für 4 Portionen
Pro Portion: **16** ♦, 0 ■
20 Minuten

Lieblingsrezepte mit Pasta & Reis

SPAGHETTINI MIT WALNÜSSEN UND SPARGEL (Foto)

600 g grüner Spargel
Salz
400 g Spaghettini (Vollkorn)
8 EL Walnusskerne
40 g Pecorino
4 EL Olivenöl
4 EL Maiskörner (Dose)
Pfeffer
4 EL Zitronensaft
2 EL Petersilie, gehackt

→ Spargel waschen, im unteren Drittel schälen und die Enden abschneiden. Spargel schräg in mundgerechte Stücke schneiden, 8 Min. in kochendem Salzwasser garen. Abtropfen lassen.
→ Nudeln bissfest garen. Nüsse und Pecorino grob hacken. Öl in einer Pfanne erhitzen. Spargel und Mais zugeben, unter Rühren erwärmen.
→ Mit Salz, Pfeffer und Zitronensaft würzen. Nudeln und Nüsse zugeben und erhitzen. Mit Petersilie und Pecorino bestreuen.

Für 4 Portionen
Pro Portion: **22** ♦, **0** ■
15 Minuten

APFEL-RISOTTO MIT SPECK

100 g magerer Speck
200 g Risotto-Reis (Vollkorn)
1/8 l Weißwein
1/8 l Apfelsaft
2 Äpfel
Salz, Pfeffer
1 EL Parmesan

→ Speck würfeln und in einer beschichteten Pfanne anbraten. Reis zugeben und glasig dünsten.
→ Mit Weißwein und Apfelsaft ablöschen, einkochen lassen und unter ständigen Rühren fertig garen.
→ Äpfel waschen, schälen, entkernen und klein würfeln. Zum gegarten Reis geben und verrühren.
→ Mit Salz, Pfeffer und Parmesan abschmecken.

Für 4 Portionen
Pro Portion: **18** ♦, **1** ■
15 Minuten

RISOTTO MIT ERDBEEREN

400 g Erdbeeren
2 Schalotten
800 ml Gemüsebrühe
4 EL Öl
250 g Risotto-Reis (Vollkorn)
200 ml Weißwein
50 g Butter
50 g Parmesan
Salz, Pfeffer

→ Erdbeeren waschen und vierteln.
→ Schalotten abziehen und würfeln. Gemüsebrühe in einem Topf aufkochen lassen.
→ Schalotten in einem Topf mit heißem Öl glasig dünsten. Reis hinzufügen und unter Rühren glasig werden lassen.
→ Die Hälfte des Weins und die Hälfte der Erdbeerstückchen hinzufügen. Restlichen Wein und Brühe nach und nach unter ständigem Rühren dazugeben.
→ Nach 20 Min. Butter und Parmesan einrühren und die restlichen Erdbeeren unterheben. Mit Salz und Pfeffer würzen.

Für 4 Portionen
Pro Portion: **25** ♦, **1** ■
30 Minuten

Veggie-Food: Gemüse satt

GEFÜLLTE PAPRIKASCHOTEN

2 rote Paprika
1 EL Olivenöl
250 g Reis (Vollkorn), gegart
1 Schalotte, fein gehackt
1 Knoblauchzehe
1/4 rote Chilischote
1 TL Thymian, getrocknet
1 TL Senf,
1 Prise Zucker
200 g Tomaten, in Stücken
1–2 EL Tomatenmark
Salz, Pfeffer

→ Ofen auf 160 Grad vorheizen. Paprika waschen, Deckel abschneiden, Kerne entfernen. 1/2 EL Olivenöl erhitzen. Reis mit Schalotte, Knoblauch und Chili unter Rühren anbraten. Thymian, Senf, Zucker, Tomaten, Tomatenmark und 200 ml Wasser zugeben. 15 Min. köcheln. Salzen und pfeffern.
→ Paprika mit der Mischung füllen, Deckel aufsetzen, mit Öl bestreichen und in einer feuerfesten Form 50 bis 60 Min. im Backofen garen.

Für 2 Portionen
Pro Portion: **14** ♦, **0** ■
1 1/2 Stunden

GEMISCHTES OFENGEMÜSE

200 g Süßkartoffeln
200 g Knollensellerie
200 g Zucchini
200 g Auberginen
je 1 rote und grüne Paprika
2 Möhren
2 Zwiebeln
1 Stange Lauch
400 g Tomaten
3 Knoblauchzehen
3 EL Oregano
1 EL Rosmarinzweige
2 TL Minze
1 kleines Bund Petersilie
ca. 100 ml Olivenöl
Salz, Pfeffer

→ Ofen auf 180 Grad vorheizen. Süßkartoffeln, Sellerie, Zucchini, Auberginen, Paprika, Möhren und Zwiebeln in Stücke schneiden. Lauch in Ringe schneiden. Tomaten häuten und würfeln, Knoblauch und Kräuter hacken.
→ Alle Zutaten mit Olivenöl in eine feuerfeste Form füllen, mit Alufolie abdecken und 40 Min. im Ofen garen. Folie abnehmen und weitere 15 Min. garen.

Für 4 Portionen
Pro Portion: **18** ♦, **1** ■
1 Stunde

GEFÜLLTE OFENTOMATEN

8 große Tomaten
1–2 EL Olivenöl
Salz, Pfeffer
3 Frühlingszwiebeln
1 Knoblauchzehe
50 g schwarze Oliven, ohne Kern
250 g Magerquark
3 Eier, Saft von 1/2 Zitrone
1 EL Semmelbrösel

→ Tomaten waschen und Deckel abschneiden. Kerne herauslösen. Backofen auf 220 Grad vorheizen. Tomaten auf ein geöltes Backblech setzen, salzen und pfeffern.
→ Frühlingszwiebeln und Knoblauch abziehen, mit den Oliven fein würfeln.
→ Quark und Eier in einer Schüssel verrühren. Frühlingszwiebeln, Knoblauch und Oliven untermischen, mit Pfeffer und Zitronensaft abschmecken. Wenn die Masse zu flüssig ist, 1 EL Semmelbrösel untermischen. Tomaten mit der Masse füllen, im Ofen bei 200 Grad 10 Min. backen.

Für 4 Portionen
Pro Portion: **13** ♦, **0** ■
25 Minuten

Gemüse satt

SPINATPIZZA

60 g Magerquark
10 EL Vollkornmehl
Salz
2 TL Backpulver
2 TL Olivenöl
2 Eigelb
200 g Blattspinat
200 g Tomatenstücke
1 Knoblauchzehe
Pfeffer
1 TL Oregano
100 g Mozzarella, gerieben

→ Quark, Mehl, Salz, Backpulver, Öl und Eigelb zu einem Teig verarbeiten. Zu einer runden Pizzaform ausrollen und auf ein Blech mit Backpapier legen. Backofen auf 220 Grad vorheizen.
→ Spinat waschen. Mit 1 TL Wasser in einem Topf zugedeckt ca. 3 Min. dünsten, bis die Blätter zusammengefallen sind, abtropfen lassen.
→ Tomaten mit fein gehacktem Knoblauch, Salz, Pfeffer und Oregano würzen und auf dem Teig verteilen. Mit Spinat und Mozzarella belegen und 15 bis 20 Min. backen.

Für 2 Portionen
Pro Portion: **25 ♦, 0 ■**
🕐 30 Minuten

SPARGEL-PFANNKUCHEN

6 EL Vollkornmehl
2 Eier
Salz
12 EL Mineralwasser
400 g grüner Spargel
1 EL Olivenöl
2 EL flüssige Butter
Pfeffer

→ Weizenmehl mit Eiern, etwas Salz und Mineralwasser kräftig verrühren. Den Teig einige Minuten ruhen lassen.
→ Den Spargel waschen, das untere Drittel schälen und die Enden abschneiden. Spargel in Salzwasser 8 Min. gar kochen. Abgießen.
→ Das Öl in einer beschichteten Pfanne erhitzen und darin aus dem Teig 2 dünne Pfannkuchen backen. Spargel darin einrollen und mit etwas flüssiger Butter beträufeln. Salzen und pfeffern.

Für 2 Portionen
Pro Portion: **25 ♦, 0 ■**
🕐 25 Minuten

SPARGELMOUSSE

je 200 g weißer und grüner Spargel
1 Prise Salz, 1 Prise Zucker
1/2 Zitrone
2 TL Halbfettbutter
Pfeffer
4 Blatt Gelatine
150 g Sahne
2 Scheiben Vollkornbaguette

→ Spargel schälen und in Stücke schneiden. Die Sorten getrennt mit je 1 Prise Salz und Zucker, etwas Zitronensaft und der Butter gar kochen (grün: 5 Min.; weiß: 7 Min.). In getrennten Schüsseln pürieren, durch ein Sieb streichen. Salzen und pfeffern.
→ Gelatine auflösen und je 2 Blatt mit jeweils der Hälfte der geschlagenen Sahne unter je eine Spargelmasse heben. Weiße und grüne Mousse abwechselnd in Gläser füllen und 2 Std. kühl stellen. Auf Teller stürzen. Vollkornbaguette dazu essen.

Für 2 Portionen
Pro Portion: **11 ♦, 0 ■**
🍸 30 Minuten
(+ 2 Std. zum Abkühlen)

Gemüse satt

RATATOUILLE

4 EL Olivenöl
1 Zwiebel
4 Knoblauchzehen
1 Aubergine
2 Zucchini
je 1 rote und gelbe Paprika
400 g Tomaten
Salz, Pfeffer
1 Zweig Rosmarin
3 Zweige Thymian
1/2 l Gemüsebrühe
Saft von 1 Zitrone

→ Backofen auf 180 Grad vorheizen. Eine ofenfeste Form mit 1 EL Olivenöl ausstreichen. Zwiebel abziehen und würfeln. Knoblauch abziehen und in Scheiben schneiden.
→ Aubergine und Zucchini waschen und klein schneiden. Paprika waschen, entkernen und würfeln. Tomaten waschen und achteln.
→ Gemüse, Zwiebel und Knoblauch in die Auflaufform geben. Mit Salz, Pfeffer und Kräutern würzen. Gemüsebrühe angießen und mit Zitronensaft und restlichem Öl beträufeln. Im Ofen 30 bis 40 Min. garen.

Für 4 Portionen
Pro Portion: **12 ♦, 0 ■**
🍳 1 Std., 15 Minuten

GEMÜSEEINTOPF

1 Zwiebel
1 Knoblauchzehe
200 g Möhren
200 g Kartoffeln
1 Kohlrabi
2 Stangen Lauch
200 g grüne Bohnen
150 g TK-Erbsen
2 EL Halbfettbutter
1 l Gemüsebrühe
1/2 TL Majoran
1 TL Bohnenkraut, getr.
Salz, Pfeffer

→ Zwiebel und Knoblauch abziehen und würfeln. Gemüse schälen und klein schneiden. Lauch waschen, in Ringe schneiden. Bohnen waschen, Enden abschneiden.
→ Butter in einem Topf erhitzen, Zwiebel glasig dünsten. Knoblauch, Möhren, Kartoffeln und Kohlrabi mitdünsten.
→ Mit Brühe aufgießen, aufkochen. Majoran und Bohnenkraut dazugeben, 10 Min. kochen, Bohnen und Lauch hinzufügen, weitere 15 Min. garen. Erbsen hineingeben und 5 Min. ziehen lassen. Salzen und pfeffern.

Für 4 Portionen
Pro Portion: **2 ♦, 1 ■**
🍳 50 Minuten

PENNE MIT KÜRBIS

300 g Penne (Vollkorn)
1 kleine Zwiebel
1–2 Knoblauchzehen
400 g Kürbisfleisch
250 g Grünkohl
1 grüne Peperoni
2 EL Olivenöl
100 ml Gemüsebrühe
Salz, Pfeffer
2 EL Parmesan, gerieben

→ Penne bissfest garen. Zwiebel und Knoblauch abziehen und fein hacken. Kürbisfleisch klein schneiden. Kohl waschen, die Blätter in Streifen schneiden. Peperoni längs halbieren, entkernen und in Scheiben schneiden.
→ Zwiebel, Knoblauch Kürbis und Peperoni in Olivenöl andünsten, mit Brühe aufgießen und 5 bis 8 Min. fast gar kochen.
→ Kohl zugeben und weitere 5 Min. kochen. Salzen und pfeffern. Mit den Nudeln vermischen und mit Käse bestreuen.

Für 2 Portionen
Pro Portion: **22 ♦, 0 ■**
🍳 25 Minuten

Gemüse satt

BROKKOLI MIT GRAPEFRUIT-SAHNE

500 g Brokkoli
150 ml Gemüsebrühe
Salz
1 Grapefruit
1 EL Currypulver
2 EL saure Sahne
Pfeffer
2 EL Macadamianüsse, gehackt

→ Brokkoliröschen von den Stielen schneiden. Stiele dünn schälen, klein würfeln und in Gemüsebrühe 10 Min. weich kochen. In kochendem Salzwasser 5 Min. blanchieren. Abgießen und warm stellen.
→ Grapefruit auspressen. Currypulver unter die Brokkolistiele rühren und 100 ml Grapefruitsaft zugießen. Kurz erhitzen und mit dem Pürierstab fein pürieren.
→ Saure Sahne einrühren und mit Salz und Pfeffer abschmecken. Brokkoliröschen mit der Sauce begießen. Mit Nüssen bestreuen.

Für 2 Portionen
Pro Portion: **18** ♦, **0** ■
20 Minuten

ZITRUS-BLUMENKOHL

1/2 Bio-Zitrone
1 rote Zwiebel
2 Knoblauchzehen
500 g TK-Blumenkohlröschen
3 EL Olivenöl
Salz, Pfeffer

→ Backofen auf 220 Grad vorheizen. Zitrone waschen und in dünne Scheiben schneiden.
→ Zwiebel abziehen, halbieren und in Ringe schneiden. Knoblauch abziehen und halbieren.
→ Alles zusammen mit dem Öl in eine ofenfeste Form geben, kurz durchmischen und mit Salz und Pfeffer würzen. Im Ofen 25 Min. garen.

Für 2 Portionen
Pro Portion: **18** ♦, **0** ■
30 Minuten

Tipp

Statt Blumenkohl können Sie auch anderes Gemüse wie Zucchini, Auberginen oder Möhren verwenden.

ROTE-BETE-MOUSSE MIT ERDBEEREN

1/2 Zitrone
1 kleine Rote Bete, gegart
100 ml Sahne
60 g Erdbeeren
1 Packung Alfalfasprossen
1 EL Olivenöl
Salz, Pfeffer

→ Zitrone auspressen. Rote Bete, Sahne und Zitronensaft im Mixer pürieren. Mindestens 1 Std. kalt stellen.
→ Erdbeeren waschen und klein schneiden. Sprossen mit Öl, Salz und Pfeffer würzen.
→ Rote-Bete-Mousse in Gläser füllen, Sprossen darauf verteilen und mit Erdbeeren garnieren.

Für 2 Portionen
Pro Portion: **17** ♦, **0** ■
10 Minuten
(+ 1 Std. kühl stellen)

Gemüse satt

ZUCCHINI-MÖHREN-PUFFER
(Foto)

1 Zucchini
300 g Möhren
1 EL Zitronensaft
2 EL gehackte Petersilie
1 Ei
1 EL Haferflocken (Vollkorn)
Salz, Pfeffer
1 EL Rapsöl

→ Zucchini und Möhren waschen und mit dem Gemüsehobel raspeln.
→ Mit Zitronensaft, Petersilie, Ei und Haferflocken sorgfältig vermischen. Mit Salz und Pfeffer abschmecken.
→ Das Öl in einer beschichteten Pfanne erhitzen. Mit einem Esslöffel aus der Gemüsemasse Portionen abstechen und in die Pfanne geben. Den Teig etwas flach drücken und die Puffer von beiden Seiten knusprig braten.

Für 2 Portionen
Pro Portion: 11 ♦, 0 ■
⏲ 15 Minuten

OMELETT MIT KÜRBISFÜLLUNG

2 Eier
75 ml fettarme Milch
75 ml Wasser, 1/2 TL Salz
200 g Dinkelmehl
1/2 Peperoni
75 g Kürbisfruchtfleisch
1–2 EL Olivenöl
25 ml Gemüsebrühe
Salz, Pfeffer
1 Msp. Currypulver

→ Eier, Milch, Wasser und Salz verquirlen. Mehl dazugeben und zu einem glatten Teig rühren. 30 Min. quellen lassen.
→ Peperoni in Streifen schneiden. Kürbisfleisch klein würfeln.
→ Aus dem Teig in einer beschichteten Pfanne in 1/2 EL Olivenöl 2 Omeletts backen, warm stellen.
→ Peperoni mit Kürbis in 1/2 EL Olivenöl andünsten. Gemüsebrühe zugießen, mit Salz, Pfeffer und Curry würzen und kochen, bis der Kürbis gar ist. Auf den Omeletts verteilen und zusammenklappen.

Für 2 Portionen
Pro Portion: 17 ♦, 5 ■
🍸 40 Minuten

SPARGEL-TORTILLA

350 g grüner Spargel
1–2 Frühlingszwiebeln
150 g festkochende Pellkartoffeln vom Vortag
2 EL Öl, Salz, Pfeffer
4 Eier, 50 ml Gemüsebrühe

→ Spargel waschen, unteres Drittel schälen, Enden abschneiden. Spargel schräg in 3 cm lange Stücke schneiden. Frühlingszwiebeln abziehen, in Ringe schneiden. Kartoffeln pellen und würfeln.
→ Öl in einer Pfanne erhitzen. Spargel und Frühlingszwiebeln 5 Min. braten. Kartoffeln zugeben. Hitze reduzieren, 5 Min. weiterbraten, salzen und pfeffern.
→ Spargel beiseitelegen. Eier und Brühe verquirlen, mit Salz und Pfeffer würzen. Über das Gemüse gießen, Spargel obenauf legen.
→ Bei leicht geöffnetem Pfannendeckel und kleiner Hitze etwa 20 Min. garen, bis die Masse gestockt ist.

Für 2 Portionen
Pro Portion: 26 ♦, 2 ■
🍽 45 Minuten

Frisch auf den Tisch: Leckeres mit Fisch

MATJES NACH HAUSFRAUENART

2 Matjesfilets
1/2 Bund Radieschen
1/2 säuerlicher Apfel
1 Schalotte
1 kleine Essiggurke
100 g saure Sahne
125 g fettarmer Joghurt
1 EL Weißweinessig
1 EL Schnittlauchröllchen
Salz, Pfeffer
Zucker

→ Matjes quer in Streifen schneiden. Radieschen waschen und in Scheiben schneiden. Apfel waschen, vierteln und entkernen. Apfel in dünne Scheiben schneiden. Zwiebel abziehen und in feine Ringe schneiden. Gurke klein würfeln.
→ Saure Sahne, Joghurt und Essig verrühren. Mit den restlichen Zutaten vermischen und mit Salz, Pfeffer und wenig Zucker abschmecken. Etwa 1 Std. im Kühlschrank ziehen lassen.

Für 2 Portionen
Pro Portion: **25** ♦, **0** ■
🕐 15 Minuten
(+ 1 Std. ziehen lassen)

FISCHSALAT MIT MANGO

200 g Lachsfilet
150 g Seeteufelfilet
Saft von 1/2 Limette
Salz, Pfeffer, 1 rote Paprika
300 ml fettarme Milch
1/2 Mango
1/2 Fenchelknolle
1/2 Avocado
2 EL Himbeeressig
2 EL Walnussöl

→ Backofen auf 180 Grad vorheizen. Fisch waschen, trocken tupfen und in Streifen schneiden. Mit der Hälfte des Limettensafts beträufeln, salzen, pfeffern und in einer gefetteten Auflaufform 5 Min. im Ofen garen.
→ In Streifen geschnittene Paprika darauf verteilen, Milch darübergießen und 15 Min. im Ofen weitergaren. Mango, Fenchel und Avocado schälen und in Scheiben schneiden. Mit restlichem Limettensaft beträufeln.
→ Essig, Öl, Salz und Pfeffer verrühren, mit dem Gemüse mischen. Mit lauwarmem Fisch anrichten.

Für 2 Portionen
Pro Portion: **31** ♦, **0** ■
🕐 20 Minuten

RUCOLA-FENCHEL-SALAT MIT GARNELEN

1 kleine rote Zwiebel
1 Fenchelknolle
1 Bund Rucola
4 Zweige Koriander
1 rosa Grapefruit
1 Limette
2 EL Öl
1 cm Ingwerwurzel, gehackt
Salz, Pfeffer
200 g gegarte, geschälte Garnelen

→ Zwiebel abziehen und in feine Scheiben, Fenchel in Streifen schneiden. Rucola und Koriander waschen. Koriander fein hacken. Die Grapefruitfilets herausschneiden. Den Saft dabei auffangen.
→ Limette auspressen und mit Grapefruitsaft und Öl verrühren. Koriander und Ingwer untermischen und mit Salz und Pfeffer würzen.
→ Rucola, Fenchel, Grapefruitfilets, Garnelen und Zwiebeln mit dem Dressing vermischen.

Für 2 Portionen
Pro Portion: **14** ♦, **0** ■
🕐 15 Minuten

Leckeres mit Fisch

SCHARFE ZITRONEN-CHILI-GARNELEN

1 Knoblauchzehe, gehackt
1/4 EL scharfe chinesische Chilisauce
Schale und Saft von 1 Limette
1/2 EL Ingwer, gehackt
1 EL Koriandergrün, gehackt
1 TL Sojasauce
1 TL flüssiger Honig
8 rohe, ungeschälte Riesengarnelen

→ Die Zutaten zu einer Marinade verrühren und die Garnelen von allen Seiten darin wenden. Mindestens 1 Std. im Kühlschrank ziehen lassen.
→ Die marinierten Garnelen auf Holzspieße stecken und in einer Grillpfanne oder auf einem Grillrost von jeder Seite etwa 3 Min. grillen, bis die Schale rosa und das Fleisch schön fest ist.

Für 2 Portionen
Pro Portion: 1 ♦, 1 ■
⏱ 10 Minuten (+ 1 Std. Marinierzeit)

OFENGARNELEN MIT FETA

2 EL Olivenöl, 2 Schalotten, in Scheiben geschnitten
2 Knoblauchzehen
1 EL Thymianblätter
1 Lorbeerblatt
1 Msp. Zimt, gemahlen
400 g Tomatenstücke
Salz, Pfeffer, 125 g Feta
1/2 Bund Frühlingszwiebeln, fein geschnitten
12 küchenfertige Riesengarnelen

→ Ofen auf 180 Grad vorheizen. Schalotten in 1 EL Öl glasig dünsten. 1 zerdrückte Knoblauchzehe, Thymian, Lorbeerblatt, Zimt und Tomaten zugeben, zugedeckt 5 bis 10 Min. köcheln lassen. Abschrecken.
→ In eine ofenfeste Form geben, zerkrümelten Feta darauf verteilen und 5 Min. in den Ofen stellen.
→ 1 EL Öl in einer Pfanne erhitzen. Frühlingszwiebeln und zweite Knoblauchzehe hineingeben. Garnelen dazugeben und garen, bis sie milchig werden. In die Form geben und 10 Min. garen.

Für 2 Portionen
Pro Portion: 26 ♦, 0 ■
⏱ 45 Minuten

ROTE-BETE-SUPPE MIT ZANDER

250 g Zanderfilet
Salz, Pfeffer
1/2 kleines Bund gemischter Kräuter
1 EL Zitronensaft
1 EL Olivenöl
1 kleine Zwiebel
1 kleine Kartoffel
300 g Rote Bete
1/2 l Gemüsebrühe
100 g saure Sahne
1 Spritzer Balsamico-Essig

→ Fisch waschen, trocken tupfen und quer in 1 cm breite Streifen schneiden. Salzen und pfeffern.
→ Kräuter fein hacken, mit Zitronensaft und Olivenöl verrühren, Fisch 1 Std. darin marinieren.
→ Zwiebel, Kartoffel und Rote Bete schälen und würfeln. In einem Topf mit heißer Gemüsebrühe übergießen. Salzen, pfeffern und bei mittlerer Hitze 30 Min. köcheln. Pürieren, mit saurer Sahne und Essig verfeinern.
→ Fischstreifen einlegen und bei niedriger Hitze 5 bis 8 Min. ziehen lassen.

Für 2 Portionen
Pro Portion: 13 ♦, 1 ■
⏱ 1 Stunde

Leckeres mit Fisch

LACHSFILET MIT ORANGEN-VINAIGRETTE

2 Lachsfilets (je 150 g)
1 EL Olivenöl
1 Bio-Orange
100 ml Gemüsebrühe
1 Zucchini
1 Gartengurke
1 kleiner Kohlrabi
1 EL Honig
2 EL Orangensaft
2 EL Weißweinessig
2 TL Olivenöl
Salz, Pfeffer

→ Lachsfilets in Olivenöl anbraten. Etwas Orangenschale abreiben, mit der Gemüsebrühe vermengen und über den Lachs gießen. 5 Min. weitergaren.
→ Gemüse waschen bzw. schälen und in feine Streifen schneiden. Auf einem Teller anrichten.
→ Honig, Orangensaft, Essig, Öl und etwas abgeriebene Orangenschale verrühren. Mit Salz und Pfeffer abschmecken. Über das Gemüse träufeln und den Lachs darauflegen.

Für 2 Portionen
Pro Portion: **15** ♦, **0** ■
⏲ 15 Minuten

THUNFISCH MIT TOMATENSALSA

2 Thunfischsteaks (ca. 200 g)
Saft von 1 Zitrone
2 Orangen
4 Tomaten
2 EL Olivenöl
1 TL Petersilie, gehackt
Salz, Pfeffer
100 g Vollkornreis, gegart

→ Thunfisch waschen, trocken tupfen, mit Zitronensaft beträufeln und 10 Min. marinieren.
→ Orangen schälen und das Fruchtfleisch filetieren. Die Orangenfilets und die gewaschenen Tomaten fein würfeln, vermengen und mit 1 EL Olivenöl, Petersilie, Salz und Pfeffer abschmecken.
→ Thunfischsteaks leicht salzen und pfeffern und in einer Pfanne mit 1 EL Olivenöl von jeder Seite ca. 5 Min. bei mittlerer Hitze anbraten. Mit Salsa und Reis genießen.

Für 2 Portionen
Pro Portion: **34** ♦, **1** ■
⏲ 30 Minuten

SCHOLLEN AUF CHARDONNAY-GEMÜSE

2 küchenfertige Schollen (600 g)
Salz, Pfeffer
400 g Frühlingsgemüse, klein gewürfelt (Lauch, Frühlingszwiebeln, Möhren)
1 EL Frühlingskräuter, gehackt
2 EL Olivenöl
1/4 l Gemüsebrühe
1/4 l Chardonnay

→ Backofen auf 200 Grad vorheizen. Fisch waschen, trocken tupfen und beidseitig mit einem scharfen Messer gitterförmig einritzen. Salzen und pfeffern. Ein Backblech mit Öl bestreichen, Gemüse darauf verteilen. Salzen und pfeffern.
→ Schollen darauflegen, mit Kräutern bestreuen. Die Hälfte der Gemüsebrühe und des Weins über den Fisch und das Gemüse träufeln.
→ Im Ofen ca. 40 Min. garen, dabei mit restlicher Gemüsebrühe und Wein begießen.

Für 2 Portionen
Pro Portion: **19** ♦, **1** ■
🍸 50 Minuten

Leckeres mit Fisch

MUSCHELN IN WEISSWEINSAUCE

1,2 kg frische Muscheln
2 Schalotten
2 Knoblauchzehen
1/2 l trockener Weißwein
1 Lorbeerblatt
Salz, Pfeffer

→ Die Muscheln kräftig abbrausen. Bereits geöffnete Muscheln unbedingt wegwerfen.
→ Schalotten und Knoblauch abziehen und fein hacken.
→ In einem Topf Wein, Schalotten- und Knoblauchwürfel sowie das Lorbeerblatt aufkochen lassen. Gut salzen und pfeffern.
→ Die Muscheln dazugeben und bei geschlossenem Deckel ca. 10 Min. garen. Die Muscheln mit dem Sud in einen Teller geben. Hat sich eine Muschel beim Kochen nicht geöffnet, diese besser wegwerfen.

Für 2 Portionen
Pro Portion: **8 ♦, 0 ■**
⏲ 25 Minuten

GEGRILLTE THUNFISCHSTEAKS

1/2 Knoblauchzehe, gehackt
1/2 TL Ingwer, gehackt
3 EL Zitronensaft
1–2 TL Olivenöl
1/2 TL Salz
1/2 TL roter Pfeffer
4 Thunfischsteaks (je 100 g)
Olivenöl für die Pfanne
1/2 Zitrone, in Spalten geschnitten
Petersilie

→ Knoblauch mit Ingwer, Zitronensaft, Öl, Salz und Pfeffer zu einer Marinade verrühren.
→ Thunfisch waschen, trocken tupfen, mit der Marinade übergießen, abgedeckt mindestens 1 Std. in den Kühlschrank stellen.
→ Fisch abtropfen lassen und in einer Grillpfanne in heißem Öl bei mittlerer Hitze ca. 10 Min. von beiden Seiten anbraten, bis sie sich mit der Gabel leicht zerteilen lassen. Dabei immer wieder mit der Marinade bestreichen. Mit Zitrone und Petersilie garnieren.

Für 2 Portionen
Pro Portion: **34 ♦, 0 ■**
⏲ 15 Minuten
(+ 1 Std. Marinierzeit)

RED SNAPPER MIT MANGOSAUCE

400 g Red-Snapper-Filet
Saft von 2 Limetten
2 EL Erdnussöl
1 reife Mango
Saft von 2 Orangen
2 Zweige frische Minze
Salz, Pfeffer

→ Den Fisch kalt abspülen, trocken tupfen, mit Limettensaft und Erdnussöl beträufeln und 15 Min. marinieren.
→ Das Mangofruchtfleisch fein würfeln. Mit Orangensaft fein pürieren. Die gewaschenen Minzeblättchen in feine Streifen schneiden, unterrühren und mit Salz und Pfeffer abschmecken.
→ Den Fisch salzen und pfeffern und in einer Grillpfanne von beiden Seiten je ca. 3 Min. anbraten. Mit Mangosauce beträufeln.

Für 2 Portionen
Pro Portion: **26 ♦, 0 ■**
⏲ 20 Minuten

Leckeres mit Fisch

MARINIERTE SEEZUNGE MIT GEMÜSE (Foto)

400 g Seezungenfilet
Saft von 1/2 Limette
Kräutersalz, 1 Zwiebel,
1 Möhre, je 1 rote u. grüne
Paprika, 1/2 Chilischote
3 EL Olivenöl
je 1 Prise Piment,
Cayennepfeffer, Kardamom,
Chili und Muskat
1/2 TL Pfeffer

→ Fisch waschen, trocken tupfen, mit Limettensaft beträufeln, salzen. Zwiebel und Möhre schälen, Paprika waschen. Das Gemüse in dünne Streifen schneiden. Chili entkernen und fein hacken.
→ Gemüse in 2 EL Öl in einer großen Pfanne ca. 8 Min. andünsten. Mit Gewürzen abschmecken.
→ Restliches Öl in einer zweiten Pfanne erhitzen, darin die Filets von jeder Seite 3 bis 4 Min. braten.
→ Gemüse in eine Form legen, Fisch darauf verteilen. Würzen und 2 Std. kalt stellen.

Für 2 Portionen
Pro Portion: **20** ♦, **0** ■
⏲ 30 Minuten
(+ 2 Std. kalt stellen)

SEELACHSFILET MIT KRÄUTERÖL

350 g Tomaten
2 EL Olivenöl
Salz, Pfeffer
je 1/2 Bund Basilikum und Petersilie
3 junge Knoblauchzehen
400 g Seelachsfilet

→ Tomaten waschen und quer in Scheiben schneiden. Eine ofenfeste Form mit etwas Olivenöl einfetten, Tomatenscheiben hineinlegen und mit Salz und Pfeffer würzen.
→ Backofen auf 200 Grad vorheizen. Kräuter waschen und fein hacken. Mit restlichem Öl pürieren, mit Salz und Pfeffer würzen.
→ Knoblauch halbieren, auf den Tomaten verteilen und im heißen Backofen auf der mittleren Schiene 5 Min. garen.
→ Fisch waschen, trocken tupfen und in Stücke schneiden. Mit dem Kräuteröl bepinseln. Auf die Tomatenscheiben legen und im Backofen etwa 15 Min. garen.

Für 2 Portionen
Pro Portion: **13** ♦, **0** ■
⏲ 25 Minuten

ROTE MEERBARBE IN ORANGEN-INGWER-SAUCE

120 ml Orangensaft, frisch gepresst
6 EL Olivenöl
1/2 TL Ingwer, gerieben
1/2 TL Kreuzkümmel, gemahlen
2 EL Korianderblätter, gehackt
Salz, Pfeffer
4 kleine oder 2 große Rote-Meerbarben-Filets
Olivenöl zum Braten

→ Orangensaft, Öl, Ingwer, Kreuzkümmel und 1 EL Koriander mischen. Salzen und pfeffern. Fisch in der Marinade 2 Std. in den Kühlschrank stellen.
→ Den Fisch in wenig Öl in einer Pfanne bei mäßiger Hitze von beiden Seiten garen, dabei vorsichtig wenden. Auf eine vorgewärmte Platte geben. Pfanne auswischen.
→ Marinade in die Pfanne geben und kochen lassen, bis sie eingedickt ist. Sauce um den Fisch träufeln und mit restlichem Koriander bestreuen.

Für 2 Portionen
Pro Portion: **23** ♦, **0** ■
⏲ 15 Minuten
(+ 2 Std. Marinierzeit)

Leckeres mit Fisch

LACHS IN ORANGENBUTTER

100 g Vollkornreis
2 Lachsfilets (je ca. 150g)
1 EL Zitronensaft
Salz, Pfeffer
1 EL Olivenöl
4 EL Halbfettbutter
100 ml Orangensaft, frisch gepresst
1 TL eingelegte rosa Pfefferkörner
Petersilie, gehackt

→ Den Reis bissfest garen. Den Fisch waschen, trocken tupfen, mit Zitronensaft beträufeln, salzen und pfeffern.
→ Von jeder Seite ca. 2 bis 3 Minuten in Olivenöl anbraten. Die Butter in einem Topf erhitzen und zusammen mit dem Orangensaft 1 Min. sanft köcheln. Mit Salz abschmecken und den rosa Pfeffer zugeben.
→ Die Lachsfilets auf vorgewärmte Teller geben und mit der Sauce übergießen. Mit frischer Petersilie bestreuen und mit Reis anrichten.

Für 2 Portionen
Pro Portion: **27** ♦, 0 ■
🍸 30 Minuten

SCHWERTFISCH MIT KÜRBISKRUSTE

2 Scheiben Schwertfisch (je 200 g)
Zitronensaft
Salz, Pfeffer
150 g Kürbisfleisch
1 Ei
1 EL Petersilie, gehackt
1 EL Olivenöl

→ Die Fischstücke waschen, abtupfen und mit Zitronensaft beträufeln. 15 Min. marinieren. Mit Salz und Pfeffer würzen, leicht einreiben.
→ Das Kürbisfleisch mit der Gemüsereibe fein raspeln. Das Ei verquirlen, geriebenen Kürbis und Petersilie zufügen. Mit Salz und Pfeffer würzen.
→ Das Olivenöl in einer Pfanne erhitzen. Die Fischscheiben in der Kürbis-Ei-Masse wenden, vorsichtig in die Bratpfanne legen und bei mittlerer Hitze auf beiden Seiten 3 bis 4 Min. braten.

Für 2 Portionen
Pro Portion: **15** ♦, 0 ■
🍸 25 Minuten

KABELJAU MIT STAUDENSELLERIE

2 Kabeljaufilets (je 200 g)
1 EL Zitronensaft
1 Staudensellerie
2 EL Rapsöl
150 ml Gemüsebrühe
75 g Ziegenfrischkäse
25 g schwarze Oliven, ohne Kern
Salz, Pfeffer

→ Backofen auf 200 Grad vorheizen. Kabeljau kalt abspülen, trocken tupfen und mit Zitronensaft beträufeln. 10 Min. ziehen lassen.
→ Sellerie waschen und quer in Streifen schneiden. Öl in einem ofenfesten Bräter erhitzen, Sellerie unter ständigem Rühren 5 Min. andünsten. Mit Brühe ablöschen, vom Herd nehmen und den Käse vorsichtig einrühren. Oliven unterheben.
→ Fisch salzen, pfeffern und auf das Gemüse legen und im heißen Ofen 10 Min. braten.

Für 2 Portionen
Pro Portion: **17** ♦, 0 ■
🕐 30 Minuten

Leckeres mit Fisch

LACHSFILET MIT SESAMKRUSTE

2 Lachsfilets, ohne Haut (ca. 300 g)
1 EL Zitronensaft
1 EL Sesamöl
Salz, Pfeffer
4 EL helle und schwarze Sesamsamen

→ Lachsfilets waschen, trocken tupfen mit Zitronensaft beträufeln, mit Sesamöl einpinseln und mit Salz und Pfeffer gut würzen.
→ Filets in Sesamsamen wälzen, in eine Auflaufform geben und im Backofen bei 180 Grad ca. 20 Min. garen.

Für 2 Portionen
Pro Portion: **21** ♦, 0 ■
⏱ 25 Minuten

Tipp

Frischer Lachs schmeckt natürlich am besten und ist ganz zart. Tiefgekühlte Lachsfilets sind aber fast genauso gut, müssen aber langsam im Kühlschrank auftauen.

MEDITERRANES PANGASIUSFILET

2 Pangasiusfilets (ca. 300 g)
2 TL Vollkornmehl
2 EL Olivenöl
1 Schalotte
1 Stange Staudensellerie
1 Zucchini
je 1 Zweig Rosmarin, Thymian und Salbei
Salz, Pfeffer
200 g Tomaten, in Stücken (Dose)

→ Fischfilets waschen und trocken tupfen. Kurz in Mehl wälzen und in 1 EL Olivenöl von jeder Seite 2 Min. anbraten. Auf Küchenpapier abtropfen lassen.
→ Schalotte abziehen und klein würfeln. Sellerie und Zucchini waschen und klein schneiden. Restliches Olivenöl in einer Pfanne erhitzen, Schalotte, Sellerie, Zucchini, Gewürze und Tomaten zugeben und etwa 10 Min. eindicken lassen.
→ Den Fisch dazugeben und bei niedriger Hitze sanft fertig garen.

Für 2 Portionen
Pro Portion: **17** ♦, 0 ■
⏱ 20 Minuten

KRÄUTERFORELLE

2 Frühlingszwiebeln
frische Kräuter (Basilikum, Petersilie)
4 Cocktailtomaten
2 küchenfertige Forellen (ca. 400 g)
Saft von 1 Zitrone
Salz, Pfeffer
2 Knoblauchzehen
2 EL Olivenöl
4 Scheiben Vollkornbaguette

→ Backofen auf 200 Grad vorheizen. Frühlingszwiebeln und Kräuter klein schneiden. Tomaten klein würfeln.
→ Forellen waschen, trocken tupfen, innen und außen mit Zitronensaft einreiben, würzen.
→ Fische auf je 1 Stück Alufolie legen und mit Frühlingszwiebeln, Kräutern, Tomatenwürfeln und geschälten Knoblauchzehen füllen. Mit Olivenöl beträufeln und die Alufolie so zusammenfalten, dass kein Saft herauslaufen kann.
→ Die Päckchen für etwa 30 Min. im Ofen garen. Dazu: Vollkornbaguette.

Für 2 Portionen
Pro Portion: **22** ♦, 0 ■
⏱ 40 Minuten

Richtig herzhaft: Deftiges mit Fleisch & Geflügel

SCHWEINEFILET IN BANANEN-INGWER-SAUCE

2 Schweinefiletmedaillons (je 150 g)
Pfeffer
Currypulver
1 EL Olivenöl
1 cm Ingwerwurzel
2 kleine Bananen
125 ml Sahne
Salz
Zucker

→ Medaillons flach drücken und mit Pfeffer und Curry würzen. Etwas Olivenöl in einer Pfanne erhitzen, Medaillons darin auf beiden Seiten anbraten. Herausnehmen, warm halten. Pfanne nicht säubern.
→ Ingwer und Bananen schälen, beides in Scheiben schneiden und in der Pfanne kurz anbraten.
→ Mit Sahne ablöschen und mit Curry, Salz und Zucker abschmecken. Reduzieren, bis die Sauce eine sämige Konsistenz hat und die Bananen noch nicht zerkocht sind.

Für 2 Portionen
Pro Portion: **27** ♦, **1** ■
⏲ 20 Minuten

SCHWEINEFILET IM WIRSING-MANTEL

30 g getrocknete Pilze
1 kleiner Wirsing, Salz
400 g Schweinefilet
Pfeffer
2 EL Öl
100 ml Gemüsebrühe

→ Pilze in lauwarmem Wasser einweichen. Backofen auf 180 Grad vorheizen. 8 Wirsingblätter in Salzwasser 5 Min. blanchieren, dann zu einem Rechteck (30 x 20 cm) ausbreiten. Restlichen Wirsing grob hacken.
→ Filet salzen, pfeffern und in einem Bräter in heißem Öl von allen Seiten kross anbraten, dann auf die Wirsingblätter legen.
→ Gehackten Wirsing im Bratfett kurz anschmoren, mit Brühe ablöschen.
→ Pilze auf dem Filet verteilen, dann in Wirsingblätter einrollen. Mit Zahnstochern fixieren. In den Bräter legen und zugedeckt 30 bis 40 Min. im Ofen schmoren.

Für 2 Portionen
Pro Portion: **14** ♦, **0** ■
⏲ 1 Stunde

SPARGEL MIT RUMPSTEAK

500 g Spargel
1/2 Bund Frühlingszwiebeln
1/2 Bund Schnittlauch
3 EL Olivenöl
1 TL Weißweinessig
25 g getrocknete Tomaten, in Öl eingelegt
Salz, Pfeffer
2 Rumpsteaks (ca. 250 g)

→ Backofen auf 240 Grad vorheizen. Spargel schälen, Enden abschneiden. Frühlingszwiebeln abziehen und vierteln. Schnittlauch in Röllchen schneiden. Mit 2 EL Öl und dem Essig verrühren. Tomaten klein würfeln.
→ 2 TL Öl auf das heiße Backblech geben. Spargel und Frühlingszwiebeln darauflegen, salzen und pfeffern. Im Backofen 12 bis 15 Min. bissfest braten, mehrmals wenden.
→ Steak im restlichen Öl in einer beschichteten Pfanne bei starker Hitze von jeder Seite 4 Min. braten. Salzen, pfeffern, in Alufolie ruhen lassen. Mit Gemüse und Schnittlauchsauce servieren.

Für 2 Portionen
Pro Portion: **18** ♦, **0** ■
⏲ 25 Minuten

Deftiges mit Fleisch & Geflügel

RINDFLEISCH MIT CURRY UND GEMÜSE

300 g Rinderfilet
1 Msp. China-Gewürz-mischung
2 EL Sesamöl
100 g Basmati-Reis (Vollkorn)
3 Möhren, 1 Paprika
40 g Bambussprossen
100 ml Rinderfond
1 TL grüne Currypaste
200 ml ungesüßte Kokosmilch
2 EL Cashewnüsse

→ Fleisch waschen, trocken tupfen und in Streifen schneiden. In der Gewürzmischung und 1 EL Öl 30 Min. marinieren.
→ Basmati-Reis bissfest garen. Möhren und Paprika klein würfeln. Sprossen waschen.
→ Restliches Öl im Wok erhitzen und die Currypaste darin kurz anschwitzen. Kokosmilch und Fond zugeben, kurz aufkochen. Fleisch, Gemüse und Sprossen zugeben, 10 Min. köcheln. Mit Cashewnüssen bestreuen und mit Reis servieren.

Für 2 Portionen
Pro Portion: **18** ♦, **1** ■
⏰ 45 Minuten

LAMMSPIESSE MIT SPINATSALAT

125 g junge Spinatblätter
1 Granatapfel
50 g fettarmer Joghurt
2 EL Olivenöl
Salz, Pfeffer
Kreuzkümmel, gemahlen
1 Schalotte, 2 EL Öl
300 g Lammhack
1 cm Ingwerwurzel, fein gehackt
1 TL Curry, 1 Eigelb
1 EL Petersilie, gehackt

→ Spinatblätter waschen. Granatapfel halbieren, Kerne herauskratzen, Saft auffangen und mit Joghurt und Olivenöl mischen. Mit Salz, Pfeffer und Kreuzkümmel abschmecken. Mit dem Spinat vermischen.
→ Schalotte abziehen, fein hacken, in 1 TL Öl andünsten. Mit Hackfleisch, Ingwer, Curry, Eigelb, Petersilie, Salz und Pfeffer vermengen. Kleine Nocken formen, auf Holzspieße stecken, und in restlichem Öl braten. Zum Spinatsalat dazu reichen.

Für 2 Portionen
Pro Portion: **34** ♦, **0** ■
⏰ 45 Minuten

RINDERFILET ALL' ARRABBIATA

400 g Rinderfilet
Salz, Pfeffer
2 EL Olivenöl, 1 Schalotte
200 g Tomaten, in Stücken
1 Prise Zucker
1/2 Chilischote, entkernt und gehackt
2 Salatherzen, 4 Tomaten
1 kleine Salatgurke
2 EL Balsamico-Essig
1 EL Olivenöl

→ Backofen auf 200 Grad vorheizen. Fleisch mit Salz und Pfeffer einreiben. 1 EL Olivenöl in der Pfanne erhitzen und das Filet bei starker Hitze von beiden Seiten anbraten. Auf einem Blech im Ofen etwa 25 Min. garen.
→ Schalotte abziehen, fein hacken, in 1 EL Öl glasig dünsten. Tomaten, Salz, Pfeffer, Zucker und Chili zugeben und 10 Min. köcheln.
Salat, Tomaten und Gurke klein schneiden. Essig, Öl, Salz, Pfeffer verrühren und mit dem Salat vermischen. Mit Rinderfilet und Tomatensauce anrichten.

Für 2 Portionen
Pro Portion: **29** ♦, **0** ■
⏰ 30 Minuten

Deftiges mit Fleisch & Geflügel

HÄHNCHEN MIT LIMETTENBUTTER
(Foto)

6 neue Kartoffeln, 2 Möhren
175 g Zuckerschoten, Salz
Schale und Saft von
1 Bio-Limette
2 EL weiche Halbfettbutter
1 Knoblauchzehe
2 Hähnchenbrustfilets
(300 g)
Pfeffer

→ Kartoffeln 20 Min. garen. Möhren und Zuckerschoten waschen, klein schneiden und in kochendem Wasser 4 Min. blanchieren. Kalt abschrecken.
→ Limettenschale und -saft mit Butter verrühren, Knoblauch dazupressen, salzen und vermischen.
→ Hähnchenfleisch waschen, trocken tupfen, salzen und pfeffern.
→ In eine ofenfeste Form legen, mit der Hälfte der Limettenbutter einstreichen und im Ofen von beiden Seiten je 7 Min. unter dem Grill braten.
→ Gemüse in der restlichen Butter erwärmen, mit Hähnchen und Kartoffeln anrichten.

Für 2 Portionen
Pro Portion: 16 ♦, 0 ■
⏲ 25 Minuten

GEFLÜGELSPIESSE MIT LORBEER

2 Hähnchenbrustfilets
(300 g)
1 EL Olivenöl
Saft von 1/2 Zitrone
1/2 TL bunter Pfeffer
12 kleine, frische
Lorbeerblätter
1/2 TL Salz

→ Hähnchen in Streifen schneiden. Öl, Zitronensaft und Pfeffer in einer Schüssel verrühren und das Fleisch darin 1 Std. marinieren. Lorbeerblätter waschen.
→ Backofengrill vorheizen. Auf Holzspieße immer abwechselnd 3 Lorbeerblätter und 3 Fleischstreifen stecken. Auf ein mit Backpapier ausgelegtes Blech geben und mit der Marinade überziehen.
→ 15 Min. im Ofen grillen, nach der Hälfte der Zeit wenden. Spieße auf Tellern anrichten, mit Bratensaft überziehen und mit Salz würzen.

Für 2 Portionen
Pro Portion: 7 ♦, 0 ■
🍸 20 Minuten
(+ 1 Std. Marinierzeit)

GEMÜSE MIT HÄHNCHENBRUST

400 g grüner Spargel
2 junge Möhren
1/2 Kohlrabi, Salz, Pfeffer
1 EL Öl, 2 Hähnchenbrustfilets (je 125 g)
4 EL Gemüsebrühe
100 g saure Sahne
1/2 EL körniger Senf

→ Spargel waschen, unteres Drittel schälen, Stangen längs und quer halbieren. Möhren und Kohlrabi schälen, in Stifte schneiden. Spargel in kochendem Salzwasser 2 Min., die Gemüsestifte 1 Min. blanchieren. Abschrecken, abtropfen lassen, salzen und pfeffern. Backofen auf 200 Grad vorheizen.
→ Hähnchenfilets im restlichen Öl anbraten, salzen und pfeffern. Je 1 Filet auf 1 Pergamentpapier geben, darauf Gemüse und je 2 EL Gemüsebrühe. Pergament sorgfältig zusammenfalten. Im Ofen 30 Min. garen. Saure Sahne und Senf verrühren, salzen, pfeffern und dazu servieren.

Für 2 Portionen
Pro Portion: 10 ♦, 0 ■
45 Minuten

Deftiges mit Fleisch & Geflügel

PUTENSCHNITZEL MIT ERDNUSS-MÖHREN

500 g Möhren
2 grüne Paprika
2 EL Erdnussbutter
2 Putenschnitzel (je 150 g)
2 EL Rapsöl
Salz, Pfeffer
2 EL Schnittlauchröllchen

→ Möhren schälen und in Streifen schneiden. Paprika waschen, entkernen und würfeln. Erdnussbutter mit 100 ml lauwarmem Wasser glatt rühren.
→ Putenschnitzel salzen, pfeffern und in 1 EL Öl von beiden Seiten goldgelb anbraten. In Alufolie wickeln und warm stellen. Gemüse in restlichem Öl unter ständigem Rühren anbraten.
→ Mit Erdnussbuttermischung ablöschen und kurz einkochen lassen. Mit Salz und Pfeffer abschmecken.
→ Schnitzel in Streifen schneiden, mit Gemüse auf Tellern anrichten und mit Schnittlauchröllchen bestreuen.

Für 2 Portionen
Pro Portion: 17 ♦, 0 ■
⏲ 15 Minuten

HÄHNCHEN MIT INGWER-SAFRAN-SAUCE

2 Hähnchenbrustfilets (je 150 g)
1/2 EL Zitronensaft
Salz, Pfeffer, 1/2 EL Senf
3 TL Halbfettbutter
4 EL Wein, 1 cm Ingwer
1/2 Schalotte
50 ml Hühnerbrühe
1/2 Päckchen Safran
50 ml saure Sahne

→ Backofen auf 80 Grad vorheizen. Fleisch mit Zitronensaft beträufeln, mit Salz, Pfeffer und Senf bestreichen. In einer Pfanne mit 2 TL Butter anbraten, in einer ofenfesten Form 30 Min. garen.
→ Bratensaft in der Pfanne mit Wein ablöschen und durch ein feines Sieb gießen, beiseitestellen.
→ Ingwer und Schalotte schälen und klein hacken und in 1 TL Butter andünsten. Mit Bratensaft und Brühe ablöschen.
→ Safran zugeben, auf die Hälfte einkochen, Sahne zugießen, köcheln, bis die Sauce sämig ist. Mit den Filets servieren.

Für 2 Portionen
Pro Portion: 8 ♦, 0 ■
⏲ 45 Minuten

COUSCOUS MIT HUHN

2 Hähnchenbrustfilets (je 125 g)
1 Zucchini, 4 Tomaten
1 Paprika
2 Knoblauchzehen
2 EL Olivenöl
200 ml Hühnerbrühe
100 g gegarte Kichererbsen (Dose)
Salz, Pfeffer
250 g vorgegarter Couscous
Zitronensaft

→ Fleisch in Streifen schneiden. Zucchini, abgezogene Tomaten und Paprika würfeln. Knoblauch in feine Scheiben schneiden.
→ Öl erhitzen. Gemüse darin anbraten, Fleisch hinzufügen, mitbraten. Mit Brühe ablöschen, Hitze reduzieren.
→ Kichererbsen dazugeben, salzen und pfeffern. Bei schwacher Hitze zugedeckt 15 bis 20 Min. schmoren.
→ Couscous nach Packungsanweisung garen und zum Gemüse geben. Mit Zitronensaft abschmecken.

Für 2 Portionen
Pro Portion: 24 ♦, 0 ■
⏲ 40 Minuten

Köstliches aus Fernost: Asiaküche

SATÉ-SPIESSE MIT ERDNUSSDIP

500 g Hähnchenbrustfilet
1 Zwiebel
1 Knoblauchzehe
1 TL Schale von
1 Bio-Zitrone
2 EL Sesamöl
1 TL Zucker
Salz
Cayennepfeffer
6 EL Erdnussbutter
2 EL Zitronensaft
7 EL fettarmer Joghurt

→ Fleisch in dünne Streifen schneiden.
→ Zwiebel und Knoblauch abziehen, grob zerkleinern und mit Zitronenschale, Öl, Zucker, 1/2 TL Salz und Cayennepfeffer fein pürieren. Das Fleisch 30 Min. marinieren.
→ Aus den restlichen Zutaten einen Dip rühren, mit Salz und Cayennepfeffer abschmecken. Je 2 bis 3 Fleischstreifen wellenförmig auf einen Spieß stecken und von jeder Seite ca. 2 Min. anbraten. Mit Erdnuss-Dip servieren.

Für 24 Stück
Pro Stück: **9 ♦, 0 ■**
30 Minuten
(+ 30 Min. Marinierzeit)

SESAM-TOFU-SPIESSE

400 g fester Tofu
2 EL Sesamöl
2 EL Sojasauce
2 EL Limettensaft
1/4 TL Sambal Oelek
1 Knoblauchzehe
1 Eiweiß
4 EL Sesamsamen
2 EL Öl

→ Tofu halbieren und jeweils in 6 Rechtecke schneiden.
→ Sesamöl, Sojasauce, Limettensaft und Sambal Oelek verrühren. Knoblauch dazupressen. Den Tofu darin 30 Min. marinieren.
→ Eiweiß auf einen Teller geben und verquirlen. Tofuscheiben mit Küchenpapier abtupfen und jeweils auf einen Spieß stecken. Erst in Eiweiß, dann in Sesamsamen wenden.
→ Öl in einer beschichteten Pfanne erhitzen. Die Spieße darin portionsweise von jeder Seite 2 bis 3 Min. braten.

Für 12 Stück
Pro Stück: **7 ♦, 0 ■**
25 Minuten
(+ 30 Minuten Marinierzeit)

TERIYAKI-SPIESSE

400 g Rinderlende
1 cm Ingwerwurzel
1 Bio-Orange
3 EL Teriyaki-Sauce
2 Knoblauchzehen
3 EL Petersilie, gehackt
Öl zum Braten
Salz

→ Fleisch in dünne Streifen schneiden. Ingwer schälen und fein reiben. Orange abwaschen, die Schale abreiben und 4 EL Saft auspressen. Teriyaki-Sauce, Ingwer und Saft mit dem Fleisch mischen.
→ Fleisch wellenförmig auf Spieße stecken. Knoblauch abziehen und fein hacken. Mit Petersilie und Orangenschale mischen. Die Spieße mindestens 30 Min. darin marinieren.
→ Mit Küchenpapier abtupfen und in Öl portionsweise von jeder Seite 2 bis 3 Min. in einer Pfanne braten. Salzen und mit der Petersilie-Orangen-Mischung bestreuen.

Für 16 Stück
Pro Stück: **7 ♦, 0 ■**
30 Minuten
(+ 30 Min. Marinierzeit)

Asiaküche

KARIBISCHES WOK-GEMÜSE

300 g chinesische Eiernudeln
2 EL Öl
150 g Kürbis, gewürfelt
1 reife Gemüsebanane, gewürfelt
125 g grüne Bohnen, halbiert
2 Möhren, in Streifen geschnitten
1 Zwiebel, in Spalten geschnitten
75 g Weißkohl, gehackt
1 rote Paprika, in Streifen geschnitten
1/2 Ingwerwurzel, gehackt
1 Knoblauchzehe, gehackt
150 ml Kokosmilch
1 EL Chiliöl
40 g Cashewnüsse, gehackt

→ Nudeln bissfest garen. 1 EL Öl im Wok erhitzen. Kürbis- und Bananenwürfel darin unter Rühren weich garen. Restliches Gemüse zugeben und braten, bis es gar, aber noch knackig ist.
→ Kokosmilch, Nudeln, Chiliöl und Nüsse zugeben und vermischen.

Für 4 Portionen
Pro Portion: 18 ♦, 0 ■
⏲ 20 Minuten

ASIATISCHE GLASNUDELSUPPE

2 Frühlingszwiebeln
1 kleine Chilischote
400 ml Fischfond aus dem Glas
40 g Glasnudeln
1 cm Ingwerwurzel
50 g Sojasprossen
4 Cocktailgarnelen, geschält und gegart
Zitronensaft
Pfeffer
4 TL Sojasauce

→ Die Frühlingszwiebeln waschen und schräg in 2 cm lange Stücke schneiden. Die Chilischote in Ringe schneiden, dabei die Kerne entfernen.
→ Fischfond mit Glasnudeln und Ingwer in einen Topf geben und zum Kochen bringen. Ingwer herausnehmen.
→ Frühlingszwiebeln, Sojasprossen und Garnelen in die Suppe legen und bei geringer Hitze 5 Min. ziehen lassen. Mit Zitronensaft, Pfeffer und Sojasauce würzen.

Für 2 Portionen
Pro Portion: 2 ♦, 2 ■
⏲ 15 Minuten

INDONESISCHER CURRYREIS

200 g Hähnchenbrustfilet
1 EL Honig, 3 EL Sojasauce
2 EL Currypulver
1 EL Tomatenketchup
1 TL Maisstärke
2 Zitronengrasstengel
1 Bund Frühlingszwiebeln
1 Paprika
2 Knoblauchzehen
1 rote Chilischote
4 EL Sesamöl
500 g gegarter Basmati-Reis (Vollkorn)

→ Hähnchenbrust in feine Streifen schneiden. Honig, Sojasauce, 1 EL Currypulver, Ketchup und Stärke zu einer Marinade rühren. Fleisch darin 15 Min. ziehen lassen.
→ Zitronengras und Frühlingszwiebeln längs halbieren und in Ringe schneiden. Paprika klein würfeln. Knoblauch fein hacken. Chilischote entkernen und in feine Streifen schneiden.
→ Fleisch in heißem Öl anbraten. Gemüse und Reis zufügen. Etwa 3 Min. braten. 1 EL Currypulver zugeben.

Für 4 Portionen
Pro Portion: 13 ♦, 1 ■
⏲ 30 Minuten

Asiaküche

THAI-BLUMEN-KOHL

1 Blumenkohl
1 TL rote Currypaste
200 ml Kokosmilch
2 EL gehobelte Mandelblättchen
100 g gegarter Basmati-Reis (Vollkorn)

→ Blumenkohl in kleine Röschen teilen und waschen. Currypaste im Wok anrösten und mit Kokosmilch ablöschen. Blumenkohlröschen zugeben und bei kleiner Hitze etwa 10 Min. garen. Ab und zu umrühren.
→ Die Mandelblättchen in einer Pfanne goldbraun rösten. Blumenkohl mit Mandelblättchen vermengen. Mit Reis genießen.

Für 2 Portionen
Pro Portion: **10 ♦, 1 ■**
15 Minuten

Tipp

Currypaste muss im Wok oder in der Pfanne immer 1 bis 2 Minuten angeröstet werden, damit sich die Aromen voll entfalten können.

WIRSINGGEMÜSE MIT KOKOS

400 g Wirsing
1 Zwiebel
1/2 Knoblauchzehe
1/2 rote Chilischote
1–2 EL Öl
200 ml ungesüßte Kokosmilch
1/2 TL abgeriebene Zitronenschale
Salz, Pfeffer
2–3 EL Kokosraspeln

→ Wirsingblätter waschen und in 2 cm breite Streifen schneiden. Zwiebeln und Knoblauch abziehen und fein hacken. Chilischote entkernen und in Streifen schneiden.
→ Öl im Wok erhitzen. Wirsing darin unter ständigem Rühren 5 Min. anbraten. Restliches Gemüse zugeben und 2 Min. mitbraten. Kokosmilch, Zitronenschale, Salz und Pfeffer zugeben.
→ Alles bei mittlerer Hitze bissfest garen. Mit Kokosraspeln garnieren.

Für 2 Portionen
Pro Portion: **15 ♦, 1 ■**
15 Minuten

ASIATISCHE REISNUDELN

200 g Reisnudeln
3 EL Erdnussöl
3 Knoblauchzehen, fein gehackt
4 rote Chilischoten, fein gehackt
6 Wasserkastanien (Dose), in feinen Scheiben
50 g Mu-Err-Pilze, getrocknet, eingeweicht
100 g Garnelen, gegart und geschält
150 g TK-Erbsen
Salz, Pfeffer, Koriandergrün

→ Reisnudeln mit heißem Wasser übergießen und 25 Min. einweichen. Abtropfen lassen.
→ Wok stark erhitzen, Erdnussöl hineingeben, Knoblauch und Chili kurz andünsten. Wasserkastanien und abgetropfte Pilze 3 Min. mitbraten. Nudeln, Garnelen und Erbsen dazugeben und unter Rühren 5 Min. weiterbraten.
→ Mit Salz, Pfeffer und Sojasauce abschmecken und mit Koriandergrün garnieren.

Für 2 Portionen
Pro Portion: **12 ♦, 0 ■**
1 Stunde

Tipp

Obst und Gemüse machen schlank!
Am besten nicht nur zwischendurch naschen, sondern auch zu den Hauptmahlzeiten genießen. Überlegen Sie, wo Sie noch eine Extraportion dazupacken können: das Sandwich mit Tomate belegen, Fruchtstücke im Joghurt versenken oder etwas mehr Gemüse in die Pastasauce geben.

Gesunde Snacks für zwischendurch

Wenn der kleine Hunger kommt …

… greifen Sie am besten zu Gesundem. Alle von uns ausgewählten Snacks tragen das Prädikat »besonders wertvoll«: Sie enthalten nicht nur wichtige Nährstoffe, Vitamine und Mineralstoffe, sondern auch wenig Fettpunkte und Zuckerteufel.

Apfel – gesundes Multitalent

An apple a day keeps the doctor away – die Früchte bieten geballte Gesundheit: Viel Vitamin C zur Stärkung des Immunsystems, reichlich Mineralstoffe wie Calcium und Eisen sind gut für Knochen, Zähne und Blutbildung. Pektin, ein löslicher Ballaststoff, regt den Darm zu mehr Aktivität an und reguliert die Blutfette. Äpfel warm abwaschen, trocken reiben und mit Schale essen, denn darunter verstecken sich die meisten Nährstoffe.

Avocado – Jungbrunnen für Haut und Haare

Die Frucht enthält beachtliche Mengen der gesunden ungesättigten Fettsäuren, die die Gefäße geschmeidig halten, den Cholesterinspiegel regulieren und das Herz gesund halten. Außerdem reichlich enthalten: Kalium, Magnesium und Vitamin B_6 und E, das den Alterungsprozess bremst, Hautflecken und Falten vorbeugt. Biotin sorgt für einen frischen Teint und feste Fingernägel. Ihr Vitamin D garantiert gesunde Zähne.

Beeren – Wertvolle Früchtchen für die Abwehr

Mit Vitamin C, Eisen, Folsäure, Calcium und Kalium kurbeln die Beeren Stoffwechsel und Verdauung an, entschlacken und stärken die Abwehr. Die absolute Spitzenposition halten sie jedoch für ihren Gehalt an den sogenannten Anthocyanen, sekundären Pflanzenstoffen, die den Beeren ihre intensiv blau-lila Farbe verleihen, inne. Als Antioxidantien schützen sie den Körper vor stressbedingten freien Radikalen, wirken gegen Entzündungen und beugen Erkrankungen wie Diabetes, Alzheimer oder Krebs wirksam vor.

Eier – Harte Schale, wertvoller Inhalt

Eier enthalten ungewöhnlich viel der fettlöslichen Vitamine B_2, B_{12} und Folsäure. Sowohl im Eidotter wie auch im Eiklar ist ein hochwertiges Eiweiß enthalten, das alle unentbehrlichen (essenziellen) Aminosäuren aufweist und vom Körper besonders gut verwertet werden kann. Die Aminosäure Tryptophan ist unmittelbar am Aufbau des Gute-Laune-Hormons Serotonin beteiligt, kontrolliert aber auch den Wach-Schlaf-Rhythmus und das Sättigungsgefühl.

Getreide – Volles Korn für volle Kraft

Dank der enthaltenen Ballaststoffe ist Getreide in der Lage, den Cholesterinspiegel deutlich (bis zu 23 Prozent) zu senken und Herz und Kreislauf gesund und fit zu halten. Außerdem enthält das Getreide reichlich Eiweiß, Magnesium, Kupfer, Kalium und Zink. Schon zweieinhalb Portionen Vollkornprodukte reichen aus, um den Blutdruck zu senken und das Schlaganfall-Risiko um mehr als 30 Prozent zu senken.

Joghurt – Stärkung fürs Immunsystem

Die Milchsäurebakterien im Joghurt halten die Darmflora gesund, aktivieren das Immunsystem und helfen dem Körper, sich vor Krankheiten wie beispielsweise Harnwegsinfektionen, Magengeschwüren oder Darmerkrankungen zu schützen. Alle Milchprodukte, wie auch Joghurt, enthalten den Mineralstoff Calcium, der nicht nur in der Lage ist, Knochen und Zähne zu festigen, sondern auch die Fettverbrennung in den Zellen anzuregen.

Möhren – Balsam gegen UV-Strahlen

In kaum einer anderen Frucht sind so viele Carotinoide enthalten wie in Möhren. Diese Pflanzenfarbstoffe stärken das Immunsystem und die Sehkraft. Laut neuester Forschungsergebnisse sind sie sogar in der Lage, das Risiko für bestimmte Krebsarten zu senken. Wer unter empfindlicher Haut leidet, kann mit gutgefüllten Carotinspeichern Sonnenbrand und Hautreizungen wirksam vorbeugen. Tipp: Betacarotinreiches

Als Faustregel gilt: alle 3 Stunden essen!

Nur wer sich an den von der inneren Uhr vorgegebenen 3-Stunden-Rhythmus hält, wird abnehmen. Denn durch regelmäßige Mahlzeiten bleibt der Blutzucker immer schön in Balance. Lässt man eine Mahlzeit ausfallen, wird man schon bald von Heißhunger geplagt.

Gemüse stets mit etwas Öl zubereiten. So kann der Körper den Stoff besser aufnehmen.

Nüsse – Nervennahrung zum Knabbern

Dank ihres hohen Gehalts an ungesättigten Fettsäuren, Kalium und Vitamin E beugen Nüsse Herz-Kreislauf-Erkrankungen vor. Ihr hoher Gehalt an B-Vitaminen und Magnesium wirkt sich positiv auf Gehirn und Nervensystem aus, reduziert Stress-Symptome, fördert die Konzentration und vertreibt die Müdigkeit. Wegen der Fettpunkte gilt: Trotzdem nicht zu viele Nüsse naschen!

Orangen – Saures gegen Stress

Orangen, Grapefruits, Zitronen und Mandarinen liefern vor allem in den kalten Wintermonaten wertvolles Vitamin C. Die enthaltenen Antioxidantien machen freie Radikale unschädlich, die vor allem durch Stress, Rauchen, Alkohol, zu wenig Schlaf und Umweltgifte entstehen. Wirksamer als Saft sind geschälte Früchte, denn in ihren weißen Schalenteilen stecken wertvolle Flavonoide, die die Vitamin-C-Wirkung um ein Vielfaches verstärken. Dieser Synergieeffekt unterstützt Immunsystem, Herz und Gefäße.

Bitte zugreifen

Greifen Sie am besten zu Obst und Gemüse, wenn der kleine Hunger kommt. Mit Ausnahme von Avocados wirken sich Apfel, Birne und Co. mit 0 Fettpunkten und 0 Zuckerteufeln positiv auf Ihre Punktebilanz aus. Dank reichlich enthaltener Ballaststoffe sättigen sie lang anhaltend und bremsen den Heißhunger aus. Auch Nüsse und Milchprodukte sind prima, um den Stoffwechsel tagsüber in Gang zu halten.

Tipp

Gesund snacken
Ungesunde Leckereien verbannen Sie am besten gleich aus Ihrem Sichtfeld. So werden Sie gar nicht erst in Versuchung geführt. Gesunde Snacks können Sie gerne griffbereit auf Ihrem Schreibtisch deponieren. Das gilt natürlich auch für Wasser und ungesüßten Tee.

Die 30 besten Snacks im Überblick

Die 30 besten Snacks im Überblick	💧	■
1. 2 Stück Vollkorn-Zwieback	2	0
2. 2 Vollkornkekse	2	0
3. 1 Handvoll getrocknete Aprikosen	0	0
4. 1 Handvoll getrocknete Pflaumen	0	0
5. 1 Handvoll getrocknete Mango	0	0
6. 1 Handvoll Studentenfutter	8	0
7. 1 Handvoll Walnüsse	15	0
8. 1 Handvoll Pistazienkerne	13	0
9. 1 Handvoll Mandeln	14	0
10. 1 Handvoll Kürbiskerne	13	0
11. 1 Handvoll Haselnüsse	15	0
12. 1 Handvoll Cashewkerne	11	0
13. 1 Portion Vollkornmüsli mit Milch	7	0
14. 1 Portion Vollkornmüsli mit Joghurt	8	0
15. 1 Vollkornbrot mit Schinken	3	0
16. 1 Vollkornbrot mit Käse	10	0
17. 1 Glas fettarme Milch	3	0
18. 1 Glas Molke	0	0
19. 1 hartgekochtes Ei	7	0
20. 1 Handvoll Oliven, schwarz	7	0
21. 1 Handvoll Oliven, grün	3	0
22. 3 Essiggurken	0	0
23. 1/2 Avocado	22	0
24. 1 Portion Apfelmus	0	1
25. 1 Riegel Bitter-Schokolade	4	0
26. 1 Müsliriegel	4	0
27. 1 Kugel Fruchteis	1	4
28. 1 Baiser	0	4
29. 6 Sushi-Röllchen	2	0
30. 2 Mini-Frühlingsrollen	10	2

Tipp

Genießen hält schlank!
Setzen Sie sich zum Essen hin, auch wenn es nur ein Snack ist. Alles, was unterwegs, im Stehen oder im Auto verzehrt wird, wird vom Gehirn gar nicht richtig registriert, und Sie haben viel schneller wieder Hunger.

Rezeptregister

A-C-E-Drink 46
Apfel-Fenchel-Salat mit Rucola 81
Apfel-Kiwi-Drink 45
Apfel-Risotto mit Speck 95
Asiatische Glasnudelsuppe 116
Asiatische Reisnudeln 117
Asiatischer Sprossensalat 84
Avocado-Bohnen-Salat 86
Avocado-Tofu-Aufstrich 60

Bananen-Erdbeer-Shake 46
Bananen-Mango-Mix 46
Bandnudeln mit Spargel und Tomaten 92
Bärlauchsuppe mit Knoblauchchips 75
Basilikum-Lassi 48
Birnen-Grapefruit-Drink 43
Birnenkompott mit Himbeeren 54
Bouillabaisse 77
Brokkoli mit Grapefruitsahne 99
Brötchen mit Paprikatatar 63
Bruschetta mit Ziegenkäse 57
Bunter Nudelsalat 89
Bunter Salat mit Scampi 86

Camembertcreme 61
Chicoréesalat mit Hühnchen 87
Chili-Rührei 42
Couscous mit Huhn 114
Couscous-Salat 69

Eibrot 64
Erdbeeren mit Pistazienquark 41
Erdbeer-Joghurt-Eis 55
Erdbeerlimonade 43
Erdbeermuffins 51
Erdbeer-Smoothie 47

Farfalle mit Paprika-Curry-Sauce 92
Feigen-Käse-Brot 63
Feta in der Folie 67
Feuriger Glasnudelsalat 87
Fischbrötchen 64
Fischsalat mit Mango 102
Fitness-Shake 46
Frischkäse-Zucchini-Röllchen 57
Fritatta mit Tomaten 58
Früchtegratin 49
Fruchtsalat mit Vanillesirup 52
Fussili alla calabrese 92
Fussili mit Thunfischsauce 90

Garnelen-Zucchini-Spieß 59
Gazpacho-Salat 69
Geflügelspieße mit Lorbeer 113
Gefüllte Ofentomaten 96
Gefüllte Paprikaschoten 96
Gefüllte Tomaten 59
Gegrillte Thunfischsteaks 105
Gegrillter Spargel auf Kräutersalat 85
Gegrilltes Gemüse mit Joghurtdip 57
Gemischtes Ofengemüse 96
Gemüse mit Hähnchenbrust 113
Gemüseeintopf 98
Gemüsesticks mit Kräuterdip 70
Griechischer Bauernsalat 83
Griechischer Kürbissalat 85
Guacamole 61

Gurken-Oliven-Salat 82
Gurkensalat mit Melone 79
Guten-Morgen-Müsli 40

Hähnchen mit Ingwer-Safran-Sauce 114
Hähnchen mit Limettenbutter 113
Hähnchen mit Serrano-Schinken 59
Hähnchensalat mit Curry-Dressing 71
Hähnchen-Pfirsich-Salat 71
Harzer Käsebrötchen 65
Hauchdünne Apfelchips 55
Heidelbeermolke 47
Heidelbeerquark 53
Himbeerquark 41
Huhn-Kokos-Suppe 77
Huhn-Kokos-Tagliatelle 91

Indonesischer Curryreis 116
Ingwer-Chili-Kompott 54
Ingwer-Früchte-Joghurt 53
Ingwermüsli 39

Japanische Misosuppe 75
Jogger-Frühstück 46

Kabeljau mit Staudensellerie 108
Karibik-Smoothie 47
Karibisches Wok-Gemüse 116
Kiwi-Ananas-Salat mit Mandelquark 53
Kiwi-Buttermilch-Mix 45
Kiwi-Melonen-Drink 45
Kiwi-Passionsfrucht-Salat 52
Knäckebrot mit Frischkäse 40
Kräuterforelle 109
Kräutersalat mit gegrilltem Ziegenkäse 83

Rezeptregister

Krautsalat mit Limetten-
  dressing 84
Kreta-Aufstrich 60
Kreta-Sandwich 66
Kreta-Salat 79
Kürbis-Kokos-Suppe 78
Kürbissuppe 78

Lachs in Orangenbutter 108
Lachsfilet mit Orangen-
  vinaigrette 104
Lachsfilet mit Sesam-
  kruste 109
Lammspieße mit
  Spinatsalat 111

Mango-Joghurt-Eis 55
Mango-Lassi 47
Mango-Papaya-Salat 52
Marinierte Artischocken 58
Marinierte Seezunge mit
  Gemüse 107
Matjes nach Hausfrauen-
  art 102
Mediterranes Pangasius-
  filet 109
Melone mit Schinken und
  Mozzarella 71
Milchreis mit Rhabarber 49
Mini-Paprika-Pizzen 58
Möhrenkuchen 51
Möhren-Orangen-Shake 45
Möhrensuppe mit Curry
  und Ingwer 76
Muscheln in Weißwein-
  sauce 105
Müsli mit Bananen-
  schaum 39

Nektarinen-Gratin mit
  Pinienkernen 49
Nudelsalat mit Feta und
  Kapern 89

Ofengarnelen mit Feta 103

Omelett mit Kürbis-
  füllung 101
Omelett-Sandwich 66
Orangen-Beeren-Shake 48
Orangensalat mit Oliven
  und Fenchel 82

Papaya-Shake 43
Paprika mit Feta 67
Paprika mit Thunfisch 73
Paprika-Fenchel-Mix 48
Pasta mit frischen Feigen 93
Penne mit Kürbis 98
Penne mit Räucherlachs-
  Gemüse-Sauce 90
Penne mit Spinatcreme 93
Pfirsich-Himbeer-Mix 45
Pikante Apfel-Kürbis-
  Suppe 78
Pikanter Ziegenfrischkäse 67
Piña-Colada-Shake 47
Pistaziencreme 61
Provence-Gemüse mit
  Pesto 70
Putensandwich 65
Putenschnitzel mit
  Erdnussmöhren 114

Ratatouille 98
Räucherfisch mit
  Apfelsauce 73
Red Snapper mit Mango-
  sauce 105
Rhabarber-Erdbeer-
  Kompott 54
Ricotta-Omelett 42
Rindercarpaccio mit
  Rucola 72
Rinderfilet all' arrabiata 111
Rindfleisch mit Curry und
  Gemüse 111
Rindfleischsalat 87
Risotto mit Erdbeeren 95
Roastbeefsalat mit Rucola 72
Roastbeef-Sandwich 66

Rote-Bete-Mousse mit
  Erdbeeren 99
Rote-Bete-Suppe mit
  Zander 103
Rote Meerbarbe in Orangen-
  Ingwer-Sauce 107
Rucola mit Parmesan 82
Rucola-Fenchel-Salat mit
  Garnelen 102
Rucola-Radieschen-
  Reis-Salat 85
Rucolasalat mit Birnen 69
Rührei mit Tomate 42

Saté-Spieße mit
  Erdnussdip 115
Scharfe Zitronen-Chili-
  Garnelen 103
Scharfer Erdbeersalat 81
Scharfer Tomatenaufstrich 60
Schokomuffins 51
Schollen auf Chardonnay-
  Gemüse 104
Schweinefilet im Wirsing-
  mantel 110
Schweinefilet in Bananen-
  Ingwer-Sauce 110
Schwertfisch mit Kürbis-
  kruste 108
Seelachsfilet mit Kräuter-
  öl 107
Sesam-Tofu-Spieße 115
Sommersalat mit Feta 81
Spaghetti mit Avocados
  und Garnelen 90
Spaghetti mit Bärlauch-
  Pilz-Sahne 93
Spaghetti mit Kapern,
  Chili und Rucola 91
Spaghetti mit Knoblauch-
  garnelen 91
Spaghettini mit Walnüssen
  und Spargel 95
Spargel mit Rumpsteak 110
Spargelcremesuppe 76

123

Sachregister

Spargelmousse 97
Spargelpfannkuchen 97
Spargelsalat 86
Spargeltortilla 101
Spinatpizza 97
Spinatsuppe 75

Tagliatelle-Salat 89
Teriyaki-Spieße 115
Thai-Blumenkohl 117
Thunfisch mit Tomaten-
  salsa 104
Thunfischsalat 73
Thunfischsandwich 65
Tomaten-Mango-Salat 79
Tomaten-Mango-Suppe 76
Tomaten-Mozzarella-Brot 64
Tomaten-Orangen-Shake 48
Tomatensuppe mit
  Limette 77
Tropischer Fruchtquark 41

Veggie-Sandwich 63
Vitalmüsli 39
Vitaminkick 48
Vollkornflakes mit Orangen-
  schnitzen 40

Wildreissalat auf Rucola 84
Wirsinggemüse mit
  Kokos 117
Wraps mit Mangosalsa 70
Wurstsalat mit Tomaten 72

Zitrus-Blumenkohl 99
Zucchini-Möhren-Puffer 101
Zuckerschoten-Zucchini-
  Salat 83

Abnehmplan 22ff.
Alkohol 20

Beeren 118
Bewegung 13, 16f., 25
Blutzuckerspiegel 14f., 17f.
Body-Mass-Index 10
Bonuspunkte 15f., 20, 25f.

Cholesterinspiegel 14, 118f.
Crash-Diäten 15

Diät 28
Durchhaltestrategien 27

Eier 12, 119
Energiebilanz 13
Ernährungstagebuch 21
Ernährungsumstellung 12
Essen
  - bei Einladungen und
    Festen 20
  - genießen 19
  - regelmäßiges 17f.
Essensplan 28ff.
Essgewohnheiten 21

Fette 12, 14
Fettpunkte 7, 14ff., 18, 20f.,
  23, 26, 28
  - sparen 24f.
Fettsäuren, ungesättigte 14,
  118, 120
Fisch 11f.
Fleisch 11f.
Food-Pyramide 12
Früchte 12

Gemüse 11f., 120
Getreide 12, 119
Gewichtskurve 10f.
Gewichtsstillstand 27
Glykämischer Index 11, 14

Heißhungerattacken 18
Hunger 27, 118ff.

Immunabwehr 118ff.

Joghurt 119
Jo-Jo-Effekt 10

Kohlenhydrate 6f., 11, 13f.
Körperfettwaage 14

Milchprodukte 12, 119
Mineralstoffe 118

Nüsse 120

Obst 11, 120
Öle 12

Pflanzenöle 11, 14
Psyche 20f.

Restaurant 18, 20

Saft 12
Salat 12
Sättigungsgefühl 27
Snacks 121
Sport 16ff., 20, 26
Stoffwechsel 15, 17
Stress 27

Trinken 18f.

Vitamine 118ff.
Vollkornprodukte 11

Wunschgewicht 13, 27

Zuckerteufel 7, 14ff., 18, 20f.,
  23, 26, 28
  - sparen 24f.

Schlank nach Punkten – das genial-einfache System

Marion Jetter
Diät Coach
Das Diät-Workbook mit
dem 4-Wochen-Abnehmplan
160 Seiten
ISBN 978-3-426-64248-1

Marion Jetter
Diät Coach
Fettpunkte- und
Zuckerteufel-Tabelle
112 Seiten
ISBN 978-3-426-64420-1

Weitere Titel finden Sie im Internet unter
www.knaur-ratgeber.de

Adressen/Danksagung

Adressen, die weiterhelfen:

www.marion-jetter.de: Homepage der Autorin

www.dge.de: Alles Wissenswerte rund um die Ernährung. Fundiertes Wissen, qualifizierte Experten.

www.cnpp.usda.gov oder www.mypyramid.gov: Hier finden Sie die Dietary Guidelines for Americans des USDA (United States Department of Agriculture) und Infos zur neuen Ernährungspyramide.

Abnehmen mit Fettpunkten und Zuckerteufeln im Internet:

www.deine-diaet.de: Das neue Online-Diätportal hilft Ihnen, einfach und gesund abzunehmen. Mit Hilfe der Deine-Diät-Online-Tools können Sie Ihren persönlichen Tages-, Wochen- und Monatsverbrauch von Fettpunkten und Zuckerteufeln im Blick behalten. Ihr Deine-Diät-Tageskalender unterstützt Sie zusätzlich bei der Auswahl Ihrer Mahlzeiten und Aktivitäten – und Sie behalten immer den Überblick.

Danke!

Ganz herzlich bedanken möchte ich mich bei Cornelia Philipp, Kathrin Gritschneder und Nadine Widl, die mir die Veröffentlichung dieses Buches ermöglicht haben.
Ein ganz großes Dankeschön geht natürlich auch an meinen lieben Mann Markus, der mittlerweile schon Profi im Kochen und Verkosten der Fettpunkte- und Zuckerteufel-reduzierten Rezepte ist!
Vielen Dank auch an Silvia Gmelin, der Tagesmutter meines kleinen Sohnes Moritz, die mir durch ihre liebevolle Betreuung viel Freiraum zum Schreiben dieses Buches geschaffen hat.

Zu viel für die Lieblingsjeans?

Einfach leichter mit Deiner Diät
- Essen, worauf man Lust hat
- Einfaches Punktesystem
- Kompetenter Expertenrat

www.deine-diaet.de

deine diät
einfach leichter

Impressum

Bibliografische Information der Deutschen Nationalbibliothek
Die Deutsche Nationalbibliothek verzeichnet diese Publikation in der Deutschen Nationalbibliografie; detaillierte bibliografische Daten sind im Internet über http://dnb.d-nb.de abrufbar.

© 2008 Knaur Ratgeber Verlag
Ein Unternehmen der Droemerschen Verlagsanstalt Th. Knaur Nachf. GmbH & Co. KG, München
Alle Rechte vorbehalten.

Das Werk einschließlich aller seiner Teile ist urheberrechtlich geschützt. Jede Verwertung außerhalb des Urhebergesetzes ist ohne Zustimmung des Verlages unzulässig und strafbar. Das gilt insbesondere für Vervielfältigungen, Übersetzungen, Mikroverfilmungen und die Einspeicherung und Verarbeitung in elektronischen Systemen. Es ist deshalb nicht gestattet, Abbildungen dieses Buches zu scannen, in PCs oder auf CDs zu speichern oder in Computern zu verändern oder einzeln und zusammen mit anderen Bildvorlagen zu manipulieren, es sei denn mit schriftlicher Genehmigung des Verlages.
Bei der Anwendung in Beratungsgesprächen, im Unterricht und in Kursen ist auf dieses Buch hinzuweisen.

Wichtiger Hinweis
Die im Buch veröffentlichten Ratschläge wurden von Verfasserin und Verlag mit größter Sorgfalt erarbeitet und geprüft. Eine Garantie kann jedoch nicht übernommen werden. Ebenso ist eine Haftung der Verfasserin bzw. des Verlages und seiner Beauftragten für Personen-, Sach- oder Vermögensschäden ausgeschlossen.

Bildnachweis
Umschlagfoto: StockFood / J. Rynio
Umschlagklappe: imagesource
Fotos: imagesource S. 4, 7, 8, 10, 14, 18, 21, 22, 25, 36; PhotoAlto S. 13, 17, 26, 28; pixtal S. 9, 23, 37, 119, 120; US Department of Agriculture, Center of Nutrition Policy & Promotion, Alexandria S. 12
Rezeptfotos: Brigitte Sporrer
Foodstyling: Julia Skowronek

Projektleitung: Kathrin Gritschneder, Nadine Widl
Redaktion: Petra Klose, Nadine Widl
Bildredaktion: Sylvie Busche (Ltg.), Markus Röleke
Herstellung: Dagmar Guhl
Umschlaggestaltung, Layout und Satz: griesbeckdesign, München
Reproduktion: Repro Ludwig, A-Zell am See
Druck und Bindung: Firmengruppe APPL, aprinta druck, Wemding
Printed in Germany
ISBN 978-3-426-64419-5
5 4 3 2 1

Bitte besuchen Sie uns im Internet: www.knaur-ratgeber.de
Weitere Titel aus den Bereichen Gesundheit, Fitness und Wellness finden Sie im Internet unter www.wohl-fit.de